L'heure du thé

Édition : Ariane Fontaine
Design graphique : Marie Gouret
Infographie : Marie Gouret
Traitement des images : Johanne Lemay
Couverture : Marie Gouret
Révision : Jocelyne Cormier
Correction : Odile Dallaserra
Photo de couverture : Ariel Tarr
Stylisme de photo de couverture : Emilie Gaillet
Photo de l'autrice : Ariel Tarr

L'autrice et l'éditeur ont déployé leurs meilleurs efforts pour retrouver tous les titulaires des droits des photographies reproduites dans cet ouvrage. Si certains n'avaient pas été contactés, qu'ils veuillent bien se faire connaître auprès des Éditions de l'Homme.

Légende : d (droite), g (gauche)
Photos intérieures :
Shutterstock à l'exception de :
Photos et stylisme culinaire et accessoires par Emilie Gaillet : p. 144, 146, 148, 150, 154, 158, 162 et 164
Jennifer Mallin : p. 34, 39, 74, 77, 118, 137 et 139
Library of Congress, LC-USZ62-49944 : p. 14
National Photo Company Collection, Library of Congress, LC-USZ62-112770 : p. 20 (d)
Photos par Ariel Tarr et stylisme accessoires par Émilie Gaillet : p. 6, 11, 48, 54, 56, 75, 80, 86, 92, 97, 98, 101, 127, 128, 131, 134, 168 et 171
Tasse, Manufacture de Sèvres, atelier de production, Paris Musées, Petit Palais, musée des Beaux-arts de la Ville de Paris : p. 34 (bg)
The Metropolitan Museum of Art, Gift of Anne L. Maxwell, in memory of her mother, Julia H. Lawrence, 1989.246.4 : p. 23
Wikimedia Commons : p. 13, 20 (g) et 62
Wikimedia Commons, J.-C. Annan : p. 21
Wikimedia Commons, Lettres édifiantes et curieuses, 1735 : p. 28
Wikimedia Commons, Peter Lely : p. 42
Wikimedia Commons, Hugh Thomson : p. 19

Catalogage avant publication de Bibliothèque et Archives nationales du Québec et Bibliothèque
et Archives Canada

Titre : L'heure du thé : histoire, rituels et recettes / Lady Porcelaine.
Noms : Lady Porcelaine, auteur.
Description : Comprend des références bibliographiques.
Identifiants : Canadiana (livre imprimé) 20240024990 | Canadiana (livre numérique) 20240025008 | ISBN 9782761964197 | ISBN 9782761964203 (livre numérique)
Vedettes-matière : RVM : Thés (Réceptions) | RVM : Thés (Réceptions) —Histoire. | RVM : Cuisine anglaise.
Classification : LCC TX736.L33 2025 | CDD 641.5/3—dc23

02-25

Imprimé au Canada

Dépôt légal : 2025
Bibliothèque et Archives nationales du Québec

ISBN (version papier) 978-2-7619-6419-7
ISBN (version numérique) 978-2-7619-6420-3

DISTRIBUTEURS EXCLUSIFS :

Pour le Canada et les États-Unis :
MESSAGERIES ADP inc.*
Téléphone : 450-640-1237
Internet : www.messageries-adp.com
* filiale du Groupe Sogides inc.,
filiale de Québecor Média inc.

Pour la France :
INTERFORUM ÉDITIS
Téléphone : 33 (0) 1 49 59 11 89 / 12 40
Service commandes France Métropolitaine
Téléphone : 33 (0) 2 38 32 71 00
Internet : www.interforum.fr
Service commandes Export — DOM-TOM
Internet : www.interforum.fr
Courriel : cdes-export@interforum.fr

Pour la Suisse :
INTERFORUM editis SUISSE
Téléphone : 41 (0) 26 460 80 60
Internet : www.interforumsuisse.ch
Courriel : office@interforumsuisse.ch
Distributeur : OLF S.A.
Commandes :
Téléphone : 41 (0) 26 467 53 33
Internet : www.olf.ch
Courriel : information@olf.ch

Pour la Belgique et le Luxembourg :
INTERFORUM BENELUX S.A.
Téléphone : 32 (0) 10 39 59 54
Internet : www.interforum.be
Courriel : Export.Belgique@interforum.fr

Gouvernement du Québec – Programme de crédit d'impôt pour l'édition de livres – Gestion SODEC – www.sodec.gouv.qc.ca

SODEC Québec

L'Éditeur bénéficie du soutien de la Société de développement des entreprises culturelles du Québec pour son programme d'édition.

Conseil des arts du Canada | Canada Council for the Arts

Nous remercions le Conseil des arts du Canada de l'aide accordée à notre programme de publication.

Financé par le gouvernement du Canada | Funded by the Government of Canada | Canada

Nous reconnaissons l'aide financière du gouvernement du Canada par l'entremise du Fonds du livre du Canada pour nos activités d'édition.

Lady Porcelaine

L'heure du thé

Histoire, rituels
et recettes

LES ÉDITIONS DE L'HOMME

Introduction

L'heure du thé est une tradition britannique qui a non seulement traversé le temps, mais qui gagne chaque année en popularité, notamment de ce côté-ci de l'Atlantique. De nos jours, en plus du raffinement auquel on l'associe souvent, l'heure du thé permet de faire une pause dans notre rythme de vie effréné. Pour cette raison, je crois qu'au-delà de la fabuleuse coutume qu'elle représente, elle peut faire partie d'un mode de vie qui procure bien-être et pleine conscience, au même titre que la pratique du yoga et de la méditation, par exemple.

L'Afternoon Tea est la sorte d'heure du thé la plus connue, comme on le verra dans les chapitres qui suivent. C'est de celle-ci qu'on parlera principalement dans ce livre quand on évoquera « l'heure du thé ».

Durant cette pause au cœur de l'après-midi, on déguste le thé accompagné de petites bouchées sucrées et salées en compagnie d'autres convives ou seule (pourquoi pas ?!). L'expérience de l'Afternoon Tea se caractérise aussi souvent par diverses règles de bienséance. D'ailleurs, cette ancienne tradition royale, traversée d'une aura de mystère et de prestige, fait de ce moment un événement spécial lors duquel on est portée à soigner son apparence et à revêtir ses plus beaux vêtements et bijoux. La table est également dressée avec élégance, faisant la part belle à la porcelaine et aux couverts réservés aux grandes occasions.

Mais ce n'est pas tout ! L'heure du thé a ce pouvoir de nous insuffler un sentiment d'importance et de digni-THÉ, ce qui explique pourquoi on retrouve fréquemment ce rituel lors de la fête des Mères, d'enterrements de vie de jeunes filles ou de *showers* de bébés (fêtes prénatales).

Je ne suis ni historienne ni dégustatrice professionnelle, comme le sont les personnes expertes qui travaillent merveilleusement dans divers commerces réputés de thés en vrac. Mais avec ce livre, je souhaite célébrer avec vous cette magnifique tradition anglaise, dont on ignore souvent l'histoire, ainsi que les intentions derrière l'étiquette et les règles de bienséance. Combien de fois me suis-je questionnée sur la position des couverts ou sur la manière de verser le thé ? Ça, c'était bien sûr avant que je devienne Lady Porcelaine…

Au fil de cette lecture, vous trouverez donc :

- des faits historiques captivants sur la tradition de l'heure du thé ;
- des informations sur la porcelaine, le thé et les divers accessoires utilisés ;
- des notions sur l'étiquette et les règles de bienséance à table ;
- des conseils pratiques pour organiser l'heure du thé à la maison ;
- une dizaine de recettes de mignardises sucrées et salées.

Tout cela (et bien plus !) afin que vous puissiez instaurer cette tradition digne des hôtels et des salons cinq étoiles dans le confort de votre propre foyer et que vous deveniez une hôtesse hors pair !

J'espère aussi que ce livre vous réchauffera l'âme, comme un bon Earl Grey à la bergamote, et qu'il suscitera chez vous le désir de vous accorder chaque jour (ou le plus souvent possible) un moment bien particulier.

Sur ce, je vous invite à vous préparer une bonne tasse de thé dans votre plus belle porcelaine et à vous laisser transporter dans cet univers enchanté et enchanteur, comme je vous le raconterai, moi, votre fidèle hôtesse…

Bonne lecture, *ladies* !

Lady Porcelaine

1

De punk à lady !

Nous sommes comme le thé, nous ne connaissons pas
notre propre force tant que nous ne sommes pas dans l'eau chaude.

Sœur Busche

Si on m'avait dit il y a quelques années que je serais passionnée de porcelaine, que ma vie serait de pastel et de dentelle, que j'aurais un salon de thé et que j'écrirais un livre sur l'heure du thé, j'aurais sans doute éclaté de rire, tout comme mes proches d'ailleurs.

J'aurais ri parce que je suis une ex-toxicomane punk rockeuse qui a passé la grande majorité de sa vie en forêt, sans eau potable ni électricité, à faire l'expérience des rituels de sudation avec mes grands-mères autochtones et à manger avec les doigts tachés de terre… faisant ainsi un beau gros pied de nez à la bienséance à table.

Mais tout cela, c'était avant la pandémie de COVID-19 qui est venue bouleverser ma vie, comme c'est le cas pour plusieurs. Et sans que je m'y attende, la porcelaine a été une bouée de sauvetage.

La THÉrapie par la porcelaine

On le sait, les années 2020-2021 ont été éprouvantes. Durant ces mois de confinement, j'ai vécu plusieurs épreuves : arrêt de mes nombreux engagements professionnels en tant qu'entrepreneure, autrice, conférencière, conceptrice/animatrice et productrice au contenu d'une émission télévisuelle, éviction de mon appartement, difficultés financières, et j'en passe. Jusqu'à ce coup de foudre porcelainisé pour une magnifique assiette à trois étages de la marque Royal Albert aperçue dans un magasin…

Ses couleurs pastel et ses motifs fleuris me sont apparus comme un arc-en-ciel traversant l'horizon gris. Après plusieurs hésitations, j'ai décidé de me procurer ce beau présentoir à desserts, ainsi que les adorables tasses de thé de la même collection. Avec cette vaisselle si inspirante, j'ai commencé à organiser des séances d'Afternoon Tea de façon spontanée avec mon ado, en plus d'approfondir mes connaissances sur cette tradition anglaise qui me plaisait chaque jour davantage.

Peu à peu, cette pause que j'appelais *Me Time Tea Time* est devenue quotidienne, m'offrant une sensation de bien-être et de dignité pendant cette période difficile. Encore aujourd'hui, ces moments représentent mes « séances de THÉrapie par la porcelaine ». En effet, la porcelaine m'insuffle une force, de la digni-THÉ, et transforme d'emblée ma posture et mon énergie.

Puis, avec le déconfinement, j'ai commencé à inviter des amies à partager le thé, dans l'espoir qu'elles en retireraient autant de bien-être que moi. Il était alors fascinant d'observer aussi chez les autres comment la porcelaine avait le pouvoir d'inspirer un sentiment de raffinement, d'élégance et de confiance chez toutes mes convives, qu'il s'agisse d'adultes, d'ados ou d'enfants.

Soudain, la tête se porte plus haute, les épaules et le dos se redressent, et ce, grâce au simple geste de tenir du bout des doigts une tasse de thé qui, par sa finesse, devient aussitôt précieuse (même si elle vaut en réalité 2 $!).

Souvent perçue comme délicate et fragile, la porcelaine a en fait la capacité remarquable de résister à des températures extrêmement élevées. Voilà une puissante métaphore pouvant symboliser notre propre force et notre capacité à traverser les épreuves même les plus « brûlantes »… Nous sommes fortes, résilientes et résistantes comme la porcelaine !

C'est ainsi qu'est né mon alter ego, Lady Porcelaine ! Après avoir ouvert un salon de thé privé chez moi, j'ai inauguré le salon de thé de mes rêves, ayant pignon sur rue, où se marient raffinement, émerveillement, convivialité, développement perso-LAINE et spirituali-THÉ ! Comme quoi une assiette peut parfois changer un destin !

Aujourd'hui, j'aime imaginer que, dans chaque tasse, je verse bien-être, dignité, amour et enchantement.

Alors, levons notre porcelaine à la vie, mes amies !

2

Les origines de l'heure du thé

Dans le thé, nous puisons amitié et éternité.

Proverbe japonais

Saviez-vous que l'heure du thé était déjà une pratique à Paris, en France, en 1636, 22 ans avant qu'elle devienne une coutume britannique ? En effet, une lettre datant du milieu de ce siècle et écrite par la marquise Madame de Sévigné mentionne que Madame de La Sablière, une salonnière réputée, offrait du thé avec du lait à ses invités dans son célèbre lieu de plaisance, La folie Rambouillet, à Paris.

Cependant, la paternité (ou la maternité !) de l'Afternoon Tea revient véritablement à la 7e duchesse de Bedford, Anna Maria Russell, une amie et une dame de compagnie de la reine Victoria. Dans les années 1840, cette Anna Maria était donc une sorte d'influenceuse… bien avant Instagram !

Remontons un peu le temps…

De la fringale d'Anna Maria à une coutume bien ancrée

Au XIXe siècle, avec l'essor de l'urbanisation et les horaires de travail liés à l'industrialisation, l'heure du souper devint beaucoup plus tardive, créant un énorme écart de temps entre les repas. En fait, à l'époque, les gens ne prenaient souvent que deux repas complets : le petit-déjeuner, avant de partir travailler, et le souper, servi vers 21 h. Entre les deux : le goûter de 11 h et l'heure du thé entre 15 h et 17 h.

Or, Anna Maria avait toujours une grosse fringale au moment de l'heure du thé. Un jour, alors qu'elle se sentait particulièrement faible (on le comprend bien aussi avec les corsets si serrés de l'époque !), elle demanda qu'on lui apporte du pain avec du beurre et une part de gâteau pour accompagner son thé, afin d'être sustentée jusqu'au souper.

Incapable de se passer de cette délicieuse nouvelle habitude, Anna Maria commença alors à inviter ses amies à se joindre à elle pour prendre le thé, déguster des mignardises dans de somptueuses porcelaines, jouer aux cartes et potiner sur les dernières rumeurs de la cour (puisque Facebook n'existait pas encore !).

Ces Afternoon Tea devinrent rapidement des événements populaires et convoités par les autres femmes de la haute société. Ces rencontres étaient en effet bien différentes de l'heure du thé que l'on prenait seule chez soi.

La reine Victoria participa un jour à l'un de ces Afternoon Tea et en fut tellement séduite qu'elle instaura cette tradition que l'on trouve encore aujourd'hui partout en Angleterre.

Anna Maria Russell (1783-1857)

Bientôt, l'heure du thé de l'après-midi devint un prétexte pour se parer de ses plus beaux atours sans devoir attendre les bals ; les convives revêtaient en effet de belles robes longues et coiffaient leurs cheveux spécialement pour l'occasion. C'était l'extravagance en plein jour !

Savourer le moment présent

Prendre le temps de s'habiller et de se préparer avec soin fait partie du rituel de l'heure du thé, conférant un caractère cérémonial à cet événement qui, de nos jours, se trouve complètement aux antipodes du fast-food, des rencontres Zoom et du rythme de vie métro-boulot-dodo !

L'heure du thé est un moment de connexion et de douceur, stimulant pour tous les sens : le goût du thé et des mignardises, leurs arômes, la beauté de la table et des lieux, l'écoute des confidences des autres et le toucher de la porcelaine entre les doigts. Le raffinement de ce moment favorise aussi la pleine conscience, un peu comme lors des cérémonies de thé japonaises. Bref, cette coutume anglaise invite à savourer l'instant présent, qu'on soit en solo, en duo ou en groupe.

Femmes d'époque qui prennent le thé.

3

Les quatre sortes d'heure du thé

Le thé est au corps ce que la musique est à l'âme.

EARLENE GREY

Traditionnellement, au Royaume-Uni, au XIXe siècle, on trouvait quatre sortes d'heure du thé. Pour éviter de les confondre, je vous les explique brièvement.

Cream Tea (ou 11 O'Clock Tea ou Elevenses)

Le Cream Tea était traditionnellement pris par les ouvriers et les fermiers lors de leur pause matinale à 11 h. Il se compose d'un léger goûter comprenant du thé et un biscuit ou une pâtisserie (par exemple, un scone), servi avec de la confiture et de la crème fraîche.

On pourrait penser à tort que le Cream Tea implique l'ajout de crème dans le thé. En réalité, il fait référence à la crème utilisée pour garnir les scones, notamment la *clotted cream*, une crème épaisse emblématique du Royaume-Uni.

Le Cream Tea est occasionnellement appelé 11 O'Clock Tea ou Elevenses, termes qui renvoient à l'heure où les ouvriers prenaient une pause.

Afternoon Tea (ou Low Tea)

L'Afternoon Tea est l'expérience de l'heure du thé la plus populaire dans le monde. Mais attention, on la confond souvent avec le High Tea (expliqué juste après) ! L'Afternoon Tea est un copieux goûter servi traditionnellement autour de 16 h, composé de mignardises salées et sucrées (sandwichs, scones, pâtisseries, gâteaux) et, bien évidemment, accompagné de thé. De nos jours, les salons de thé l'offrent entre 11 h et 16 h, environ.

Jadis, l'Afternoon Tea était aussi appelé Low Tea. Avec cette appellation, on pourrait croire que cette heure du thé était destinée aux classes sociales inférieures. Pourtant, c'était tout le contraire ! Le terme Low Tea renvoyait à la hauteur de la table sur laquelle le thé et les mignardises étaient servis, soit la table basse du salon ou celle du jardin, si la météo le permettait. Seule l'aristocratie prenait l'Afternoon Tea. De fait, ce sont les aristocrates qui possédaient une telle table, un salon et un jardin, mais, surtout, qui pouvaient se permettre une collation si élaborée en plein jour… pendant que la classe ouvrière travaillait.

High Tea (ou Meat Tea)

Avec un tel nom, le High Tea semble bien noble. Or, il ne l'est pas du tout ! Le High Tea renvoie à la dégustation du thé qui accompagnait le souper de la classe ouvrière, pris sur la table haute de la cuisine entre 17 h et 19 h. La femme au foyer avait alors cuisiné pendant plusieurs heures. Elle servait ses 13 enfants, qui se chamaillaient assurément, ainsi que son mari affamé et brûlé par le travail à l'usine, et qui devait sans doute avoir un air de zombie ! Rien de bien distingué dans ce contexte, n'est-ce pas ?

On appelait parfois cette heure du thé « l'heure du thé des pauvres » ou Meat Tea, puisque le repas comprenait beaucoup de viande, de patates, de pain et de fromage. Bref, c'était un souper copieux, servi dans une vaisselle ordinaire.

Voilà l'importance de ne pas confondre le High Tea (l'heure du thé des classes sociales moins élevées) et l'Afternoon Tea, qui est considéré comme le plus distingué. Enfin, presque…

Royal Tea

Cette heure du thé est similaire à l'Afternoon Tea, mais est couronnée d'un ou de deux verres de champagne, de mimosa, de sherry (xérès) ou d'une autre boisson alcoolisée pétillante. Autrefois, le Royal Tea faisait partie du mode de vie de l'aristocratie. Il est désormais fréquemment proposé sur la carte d'établissements réputés qui offrent l'Afternoon Tea.

Les salons de thé et l'émancipation de la femme

Une tasse de thé est une excuse pour partager de grandes pensées avec de grands esprits.

CRISTINA RE

Saviez-vous que l'émergence des salons de thé est étroitement liée à l'émancipation de la femme, une émancipation dont on bénéficie encore des effets aujourd'hui (même si tout est loin d'être parfait…) ? En tant que fière tenancière d'un salon de thé, j'ai été agréablement surprise de comprendre pourquoi ma clientèle est composée à 99,9 % de femmes. Et ça ne date pas d'hier… Voici un pan fascinant de l'histoire où se conjuguent thé et féminisme.

Les premiers salons de thé

Le premier salon de thé apparut en 1864 à Londres. À cette époque, les gentlemen's clubs, des clubs privés exclusivement réservés aux hommes de la haute société, et les *coffee houses*, des lieux publics où des hommes se réunissaient pour discuter de politique et d'affaires autour d'un café, étaient généralement fermés aux femmes, sauf dans certaines régions ou certains contextes spécifiques.

En fait, il n'existait pratiquement aucun endroit public où les femmes pouvaient se réunir sans être accompagnées de leur père, d'un frère ou de leur mari, et ce, de peur de compromettre leur réputation. (On était encore loin des rendez-vous Tinder d'un soir !)

Le premier concept de salon de thé fut imaginé à la boulangerie et pâtisserie The Aerated Bread Company. Fondé en 1862 à Londres, ce commerce était avant-gardiste. D'abord, on y utilisait une toute nouvelle méthode de fabrication du pain par l'aération mécanique (d'où le nom de l'entreprise), plutôt que la fermentation traditionnelle avec la levure.

Ensuite, la gérante était une femme ! Et c'est cette *Lady Boss* qui eut l'idée d'installer quelques tables et chaises dans la boulangerie pour permettre à la clientèle de prendre le thé et de manger sur place. Cette initiative augmenta l'attrait pour le commerce (et, donc, les ventes), tout en satisfaisant une clientèle principalement féminine.

Faire ses courses dans cet établissement permettait donc de prendre une pause des tâches ménagères et de savourer un thé… et une collation préparée et servie par quelqu'un d'autre ! C'était aussi l'occasion de socialiser avec d'autres femmes dans un environnement convivial et respectueux.

Cette « recette » connut un grand succès. De fait, la boulangerie devint rapidement si populaire que les propriétaires ouvrirent 250 petits salons de thé entre 1864 et 1923 partout au pays, ainsi qu'à New York, à Chicago et en Australie. La plupart étaient fréquentés et gérés par des femmes. Certains salons offraient même du thé à emporter (bien avant David's Tea !).

Ces salons de thé étaient les premiers lieux publics où les femmes de l'époque victorienne pouvaient prendre le thé ou un repas, seules ou avec des amies, sans escorte masculine. Mais ce n'est pas tout ! Des toilettes étaient aussi réservées aux femmes… ce qu'on ne trouvait que rarement dans les autres espaces soumis à la règle du « seulement pour hommes ».

Un lieu de rencontre pour les suffragettes

Fréquentés principalement par des femmes, les salons de thé étaient également des lieux propices à la discussion et à l'échange d'idées notamment politiques, puisque les maisons étaient, elles, occupées par d'autres membres masculins de la famille et des domestiques aux oreilles souvent tendues et curieuses…

De nombreux salons de thé de la Aerated Bread Company étaient d'ailleurs dotés d'un club social pour femmes à l'étage supérieur. Ces espaces de rencontre servirent entre autres à des organisations et à des événements féministes, dont le Congrès international des femmes qui se déroula à Londres en 1899. Certains de ces espaces étaient en outre utilisés pour les réunions des suffragettes, une organisation militant pour le droit de vote des femmes britanniques, fondée en 1903.

Ces salons de thé jouèrent donc un rôle important en fournissant un lieu de rassemblement et de discussion pour les mouvements féministes de l'époque.

Les femmes sur le marché du travail

Les salons de thé permirent aux femmes de prendre une place sur le marché du travail en tant que serveuses, gérantes ou même propriétaires.

En effet, ils inspirèrent certaines femmes à démarrer leur propre entreprise de salon de thé privé ou de petit restaurant dans leurs chaumières. Ces entrepreneures servaient à boire et à manger aux voyageurs affamés qui passaient devant leur maison ; elles affichaient dans les fenêtres des pancartes sur lesquelles était écrit : « Salon de thé » ou « Restaurant ». Aujourd'hui encore, cette tradition se perpétue en Angleterre et aux États-Unis, où l'on peut trouver des salons de thé dans des résidences privées. Comme dans mon cas, à mes débuts !

Cependant, c'est Catherine Cranston (1849-1934), une femme d'affaires écossaise excentrique, passionnée par le design d'intérieur et le style, qui révolutionna l'univers du salon de thé. Son premier salon, Miss Cranston's Tea Rooms, ouvert en 1878 à Glasgow, était luxueux. Les lustres étaient en cristaux et les bancs, en velours. Le personnel, vêtu avec élégance, arborait des tenues distinguées et des gants blancs, ce qui représentait un contraste net avec les salons tenus dans des résidences. Ce salon sophistiqué permit à la classe moyenne, habituellement exclue des soirées mondaines et des bals, de vivre une expérience similaire à celle de la haute société, mais à un prix accessible.

Son salon connut un tel succès que Miss Cranston inaugura une chaîne de salons de thé sophistiqués, dont le Willow Tearooms, qui est toujours populaire à Glasgow. Cette femme d'affaires aguerrie et inspirante contribua donc à briser les croyances selon lesquelles la place de la femme était exclusivement au foyer. Qu'est-ce que je donnerais pour pouvoir prendre le thé avec cette fabuleuse pionnière !

Catherine Cranston (1849-1934), figure emblématique des salons de thé

Une robe pour mieux... respirer

Dans les années 1870, en France et en Angleterre, une nouvelle mode vestimentaire contribua également à l'émancipation de la femme. Il s'agit de la *tea gown*, que l'on traduit par « robe de thé » ou « robe d'après-midi ». Comme les femmes recevaient leurs amies ou leur famille lors de l'Afternoon Tea à la maison ou dans le jardin vers la fin de l'après-midi, elles commencèrent à adopter un style vestimentaire alliant le peignoir (une robe simple portée dans l'intimité de la maison) et la robe de soirée (élaborée et élégante).

La *tea gown*, robe légère et élégante en mousseline de soie légère, en satin ou parfois en coton fin, était populaire parmi les femmes de l'époque victorienne et édouardienne (début du xxe siècle). Parfaite pour des réceptions plutôt informelles à domicile, elle était à la fois pratique et raffinée, tout en conservant le style victorien (cols hauts, manches longues, abondance de volants et de dentelles).

Au début, la robe de thé était portée uniquement lors de la présence d'amies proches et de membres de la famille. La porter en public risquait de ternir la réputation de la femme qui la revêtait. De fait, cette robe était considérée comme trop audacieuse pour deux raisons :

1. **Elle s'attachait en avant pour faciliter l'habillage sans l'aide d'une femme de chambre.** Ce détail, en apparence anodin, faisait l'objet d'évocations suggestives. À Paris, la robe de thé était surnommée « la robe 5 à 7 », suggérant que la femme qui la portait avait un rendez-vous coquin.
2. **Elle pouvait être portée sans corset.** Les Anglaises, comme la plupart des femmes occidentales à l'époque, étaient lassées des corsets trop serrés qui nuisaient à leur respiration, à leur alimentation et à leur mobilité. Or, grâce à la robe de thé, il était désormais possible de choisir de ne pas porter de corset. Ce choix bien sûr scandalisa les plus prudes, pour qui la réputation prévalait sur la santé et le bien-être.

Les salons de thé contribuèrent ainsi de différentes manières à l'émancipation des femmes. Il n'est alors pas surprenant que, encore aujourd'hui, ceux-ci soient fréquentés principalement par des femmes, cette tradition stimulant à la fois un sentiment de raffinement et de camaraderie féminine. Ne sous-estimons jamais le pouvoir d'un moment partagé entre des femmes qui veulent changer le monde… une gorgée de thé à la fois !

Un exemple de robe de thé

L'histoire de la porcelaine : une intrigue policière

La sagesse de tout l'univers se trouve dans une tasse de thé.

Proverbe chinois

L'heure du thé est indissociable de la porcelaine. Dans mon cas, c'est aussi elle – grâce à son raffinement et à son attrait – qui m'a ouvert les portes de cette fabuleuse tradition britannique.

Bien que je ne sois ni céramiste ni porcelainière, laissez-moi partager avec vous une histoire digne d'un roman policier : celle de la porcelaine !

L'ingrédient secret de la porcelaine chinoise

La porcelaine est un digne membre de la famille de la céramique, dont les premiers objets remontent à la préhistoire. Les techniques de fabrication de la céramique évoluèrent évidemment au fil des siècles dans le monde entier, mais c'est en Chine, dans les années 600 apr. J.-C., que la première version de la porcelaine vit le jour. D'ailleurs, le nom anglais (*china*), couramment utilisé en Angleterre et aux États-Unis, renvoie directement à son origine chinoise.

En Europe, il fallut près de cinq siècles de plus avant que la porcelaine commence à s'y développer. La « recette magique » et surtout l'ingrédient essentiel de la porcelaine fine, le kaolin (une sorte d'argile blanche), étaient considérés comme des secrets d'État parmi les mieux gardés en Chine, et ce, pendant des siècles. Cette réticence à partager ce savoir s'explique par le fait que la Chine tirait d'importants bénéfices de l'exportation coûteuse de sa porcelaine fine en Europe. C'est le célèbre aventurier italien Marco Polo qui, vers les années 1290, introduisit les premières pièces de porcelaine en Europe. L'éclat immaculé, la finesse et la rareté de cette porcelaine séduisirent immédiatement l'aristocratie européenne.

À la suite de cette introduction, les Européens cherchèrent à produire leur propre porcelaine, comparable à celle des Chinois, dans le but de réduire les coûts et, bien sûr, de réaliser des profits. Cette quête d'une porcelaine de qualité déclencha une compétition acharnée entre les nations européennes afin de découvrir le précieux ingrédient secret de la porcelaine chinoise, le kaolin, souvent surnommé l'« or blanc ». À travers cette tentative d'imitation de la porcelaine chinoise, certains réussirent à mettre au point une sorte de porcelaine mais à pâte tendre, sans kaolin. Cependant, cette variété de porcelaine « molle » était plus facilement sujette aux égratignures et aux cassures dues aux chocs thermiques provoqués par l'eau bouillante. Sans le fameux kaolin, cette porcelaine était moins pure et moins durable.

Kidnapping, vol et mort douteuse au nom de la porcelaine fine

La compétition féroce en Europe pour développer une porcelaine fine poussa les rois et les dirigeants à se tourner vers l'alchimie dans l'espoir de recréer cet or blanc tant convoité.

Au début du XVIIIe siècle, un jeune alchimiste allemand prénommé Johann Friedrich Böttger (1682-1719) et assoiffé de gloire prétendit avoir découvert la formule alchimique de l'or blanc. Cette nouvelle parvint aux oreilles du roi Frédéric-Guillaume Ier de Prusse, qui fit emprisonner le jeune

« découvreur » au château dans l'espoir qu'il révèle ses connaissances. Ce cher Johann parvint à s'échapper et trouva refuge dans la région de Saxe, en Allemagne. Mais pas de chance pour lui ! Il tomba presque aussitôt entre les griffes de Frédéric-Auguste Ier de Saxe, dit Auguste le Fort, qui le maintint sous protection royale dans un cachot luxueux de la ville de Meissen, en Allemagne, exigeant qu'il mette en pratique ses prétendues capacités à recréer l'or.

En 1704, alors que les expériences du jeune alchimiste n'aboutissaient toujours pas, le roi Auguste le Fort, souhaitant développer le marché de la porcelaine fine, ordonna à un éminent mathématicien et physicien de prendre Johann Friedrich Böttger sous son aile. Ehrenfried Walther von Tschirnhaus (1651-1708) devint ainsi le mentor du jeune alchimiste.

Cela faisait déjà des années que ce scientifique tentait de découvrir la recette secrète permettant de recréer cette argile blanche responsable de la qualité exceptionnelle de la porcelaine chinoise, mais sans succès. Pour sa part, le jeune alchimiste, qui voulait être reconnu pour la formule de l'or et non celle de la porcelaine (qu'il considérait comme quétaine, j'imagine !), refusa pendant trois ans d'aider son mentor dans ses multiples expériences.

Mais un jour, face à l'insistance du roi fauché et impatient, et sans doute pour sauver sa jeune peau, l'alchimiste prit au sérieux la mission qu'on lui avait confiée avec l'assistance de l'éminent scientifique. La collaboration entre ces deux grands cerveaux s'avéra fructueuse, car, en 1708, la composition et les propriétés du kaolin furent enfin découvertes. Tout le mérite revint à l'alchimiste. De fait, son mentor mourut subitement de la dysenterie… juste avant la publication officielle de la formule.

Mais la saga ne s'arrête pas ici ! Trois jours après le décès de l'éminent scientifique, un vol eut lieu dans la maison du défunt, ce qui entraîna la disparition d'ouvrages et d'un échantillon de porcelaine fine que le scientifique avait réussi à fabriquer avec la recette secrète.

Deux ans plus tard, en 1710, le roi Frédéric-Auguste Ier de Saxe finança la toute première manufacture de porcelaine fine en Europe, avec le jeune alchimiste Johann Friedrich Böttger à sa tête.

Bien que l'histoire de la porcelaine fût racontée à maintes reprises, les détails précis de sa découverte demeurent nébuleux. Pendant longtemps, on attribua cette « découverte » à Böttger. Or, en 1719, la vérité fut finalement révélée grâce à certains documents prouvant que le scientifique Ehrenfried Walther von Tschirnhaus était le premier découvreur de la formule de l'or blanc.

Toutefois, le nom du jeune alchimiste est encore associé à ce jour à l'invention de la porcelaine fine de Meissen (également appelée la porcelaine de Saxe). Heureusement que les réseaux sociaux n'existaient pas à l'époque… Imaginez la campagne de salissage virtuelle !

Pendant ce temps, alors que les expériences se poursuivaient ailleurs sur le continent pour trouver la mythique formule chimique et s'approprier une part de ce marché prospère, le secret de cette formule demeurait bien protégé par le supposé inventeur qui continuait de recevoir à la fois la gloire et la récompense financière.

Encore aujourd'hui, la porcelaine de Meissen (ou de Saxe) est reconnue comme étant la première porcelaine à pâte dure (aussi appelée porcelaine fine) produite en dehors de l'Asie.

Emprisonnement, mort subite, cambriolage, alouette ! Je vous avais bien dit que l'histoire de la porcelaine européenne était palpitante…

Un récit d'espionnage à la James Bond (ou presque !)

À la même époque, une autre histoire digne d'un thriller se déroula en France, toujours dans cette quête de l'ingrédient secret de la porcelaine chinoise.

Le personnage central de cette intrigue ? François-Xavier d'Entrecolles, un prêtre jésuite français missionnaire en Chine impériale, né en 1664 à Limoges et décédé en 1741 à Pékin, où il vécut pendant ses 43 dernières années. Ce prêtre, reconnu pour sa gentillesse, était aussi apprécié pour son respect des coutumes chinoises et sa grande connaissance de la langue du pays. Mais était-il réellement l'adorable prêtre qu'il prétendait être ou plutôt un sympathique espion aguerri ?

Cela mérite une explication…

Au début des années 1700, alors qu'il était en mission à Jingdezhen, la capitale de la fameuse porcelaine chinoise, ce prêtre français réussit à être accepté en tant qu'apprenti afin d'apprendre les secrets de l'art ancestral de la porcelaine. Un secret d'État qui, rappelons-le, était très convoité par les Européens.

En 1712, François-Xavier d'Entrecolles envoya une lettre à l'un de ses confrères, Jean-Baptiste Du Halde, qui était historien et qui travaillait sur un livre dépeignant l'Empire du Milieu, basé sur les témoignages des missionnaires jésuites établis en Chine. Or, la lettre publiée dans cet ouvrage décrivait dans les moindres détails la fabrication de la porcelaine chinoise et en dévoilait même l'ingrédient secret tant recherché : le kaolin. Cette argile blanche trouvée dans le haut des collines chinoises était donc responsable de la solidité et du blanc immaculé de la porcelaine fine !

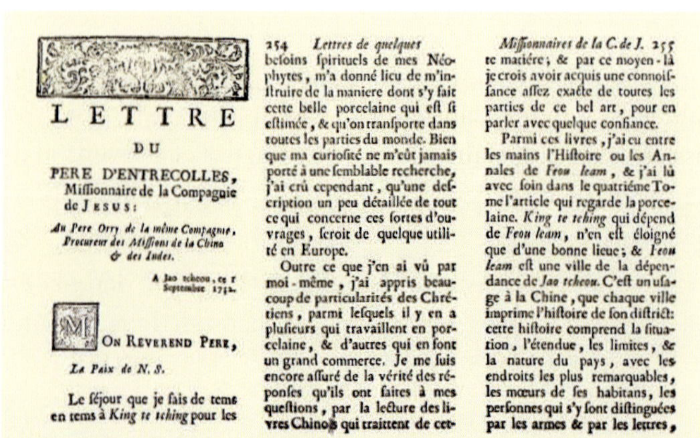

LETTRE

DU

PERE D'ENTRECOLLES, Miſſionnaire de la Compagnie de JESUS :

Au Pere Orry de la même Compagnie, Procureur des Miſſions de la Chine & des Indes.

A Jao tcheou, ce 1 Septembre 1712.

MON REVEREND PERE,

La Paix de N. S.

Le ſéjour que je fais de tems en tems à *King te tching* pour les

254 *Lettres de quelques*

beſoins ſpirituels de mes Néophytes, m'a donné lieu de m'inſtruire de la maniere dont s'y fait cette belle porcelaine qui eſt ſi eſtimée, & qu'on tranſporte dans toutes les parties du monde. Bien que ma curioſité ne m'eût jamais porté à une ſemblable recherche, j'ai crû cependant, qu'une deſcription un peu détaillée de tout ce qui concerne ces ſortes d'ouvrages, ſeroit de quelque utilité en Europe.

Outre ce que j'en ai vû par moi-même, j'ai appris beaucoup de particularités des Chrétiens, parmi leſquels il y en a pluſieurs qui travaillent en porcelaine, & d'autres qui en font un grand commerce. Je me ſuis encore aſſuré de la vérité des réponſes qu'ils ont faites à mes queſtions, par la lecture des livres Chinois qui traittent de cet-

Miſſionnaires de la C. de J. 255

te matiére ; & par ce moyen-là je crois avoir acquis une connoiſſance aſſez exacte de toutes les parties de ce bel art, pour en parler avec quelque confiance.

Parmi ces livres, j'ai eu entre les mains l'Hiſtoire ou les Annales de *Feou leam*, & j'ai lû avec ſoin dans le quatriéme Tome l'article qui regarde la porcelaine. *King te tching* qui dépend de *Feou leam*, n'en eſt éloigné que d'une bonne lieue ; & *Feou leam* eſt une ville de la dépendance de *Jao tcheou*. C'eſt un uſage à la Chine, que chaque ville imprime l'hiſtoire de ſon diſtrict : cette hiſtoire comprend la ſituation, l'étendue, les limites, & la nature du pays, avec les endroits les plus remarquables, les mœurs de ſes habitans, les perſonnes qui s'y ſont diſtinguées par les armes & par les lettres,

Un extrait de la lettre de François-Xavier d'Entrecolles

Plusieurs années après, en 1767, la découverte d'un gisement de kaolin près de Limoges, en France, fut un tournant décisif dans l'histoire de la porcelaine européenne. Et où était donc né François-Xavier d'Entrecolles ? À Limoges ! (Suis-je la seule, avec ma grande imagination, à trouver que cette histoire a un parfum d'espionnage industriel ?)

En 1769, le roi Louis XV acquit ce gisement, donnant ainsi le grand coup d'envoi à la fabrication de porcelaine en France. La région de Limoges est historiquement associée à un précieux savoir-faire et à la production d'une porcelaine haut de gamme, renommée pour son élégance et sa finesse. Les pièces de Limoges sont fréquemment prisées en tant qu'objets de collection.

Mais quelle est donc la fameuse recette de la porcelaine fine (ou porcelaine à pâte dure) que tant ont cherchée pendant des siècles ? La voici :

- 50 % de kaolin ;
- 25 % de quartz ;
- 25 % de feldspath (un minerai utilisé comme agent vitrifiant principal lors de la cuisson de la porcelaine).

Kaolin

Eh oui, trois ingrédients seulement !!

Saviez-vous que le kaolin est aussi utilisé en cosmétique ? Mais revenons à nos théières… Cette argile blanche permet aux tasses de porcelaine de contenir des liquides bouillants sans risque de se fissurer. Les tasses, les théières et les assiettes en porcelaine demeurent fragiles et peuvent malheureusement se casser si on les échappe ou les heurte violemment. Mais leur blancheur, leur résistance et leur finesse, qui attiraient tant l'aristocratie, évoquent encore aujourd'hui le raffinement ultime.

6

La porcelaine sous toutes ses formes

*Dans la vie, la gravité d'une situation
est diminuée de moitié après une bonne tasse de thé.*

Anonyme

En examinant le dessous d'une tasse de porcelaine fine et sa soucoupe, on peut identifier trois éléments qui nous renseignent sur sa provenance et la qualité de son matériau :

- la marque (par exemple Royal Albert, Aynsley, Limoges, etc.) ;
- le pays de fabrication (made in England, in Germany, etc.) ;
- les mentions « China » ou « bone china », qui révèlent la qualité du matériau.

Une histoire de poudre d'os

La porcelaine « bone china » (à la poudre d'os) est une invention britannique reconnue mondialement pour sa finesse et son élégance. Thomas Frye (1710-1762) aurait été l'un des premiers à intégrer de la cendre d'os de bovin à la pâte molle traditionnelle, ce qui aurait eu pour effet d'augmenter la solidité de l'objet fabriqué. La bone china est effectivement composée de poudre (qu'on nomme aussi cendre) d'os de bovin, ce qui la rend plus résistante et fine que les autres porcelaines.

Cependant, c'est Josiah Spode (1733-1797), un potier anglais, qui perfectionna la formule chimique pour créer *ZE* porcelaine, la *top one*, composée de 25 % de poudre de granite, de 25 % de kaolin et de 50 % de poudre d'os de bovin. Cette composition, toujours adoptée par les grandes marques, garantit une solidité, une blancheur et une qualité supérieures, malgré la délicatesse caractéristique de la porcelaine bone china, qui est plus coûteuse que la porcelaine chinoise standard, celle-ci ne comprenant pas de poudre d'os de bovin.

La bone china est cuite à une température plus basse (environ 1260 °C) pour préserver ses propriétés uniques résultant de l'ajout de poudre d'os de bovin. La porcelaine chinoise standard, elle, est cuite à une température légèrement plus élevée (de 1300 à 1400 °C) afin d'assurer une fusion adéquate des matériaux sans l'utilisation de cette fameuse poudre…

La porcelaine en poudre d'os de bovin est reconnue pour sa translucidité, sa légèreté, sa résistance et son aspect délicat, tandis que la porcelaine chinoise est durable et légère, mais moins translucide, donc moins fine.

La bone china incarne en outre un symbole de noblesse et de distinction dans le vaste monde des tasses de thé ! L'utilisation de cette porcelaine peut toutefois aller à l'encontre des valeurs des personnes véganes. Il existe également bien sûr d'autres porcelaines sans poudre d'os de bovin tout aussi magnifiques.

Quelques marques de porcelaine réputées

Pour moi, la porcelaine a toujours été une affaire de coup de cœur… comme cette première assiette à trois étages de la collection Royal Albert, qui a accroché mon regard ! Sans le savoir, j'ai d'ailleurs déjà trouvé des tasses en porcelaine vendues à des prix dérisoires dans des sous-sols d'église, des bazars, des marchés aux puces et sur Marketplace, et qui, selon des spécialistes en la matière, pouvaient valoir 150 $, 300 $ et même 650 $! C'est de la porcelaine, ça, mes amies !

La multitude de marques de porcelaine et la diversité de leurs collections, dont l'histoire s'échelonne parfois sur près de 250 ans, rendent l'évaluation précise de la valeur pécuniaire des tasses de thé et des théières souvent difficile. Un peu comme c'est le cas avec l'industrie de la mode haut de gamme. Si certaines personnes peuvent identifier un morceau signé Chanel, Yves Saint Laurent ou Dior au premier coup d'œil, d'autres sont loin d'être expertes…

Mais pas besoin d'être encanteuse ni céramiste pour apprécier de belles porcelaines ! Voici donc des marques de porcelaine bien connues, qui me ravissent et dans lesquelles je verse régulièrement le thé de l'après-midi.

Royal Albert

Cette célèbre marque de porcelaine de la ville de Stoke-on-Trent, en Angleterre, existe depuis 1896. Son nom fait honneur à la naissance du prince Albert. Plusieurs collections ont été développées au fil du temps, en collaboration avec la famille royale, pour souligner des événements marquants (anniversaires, jubilés, décès, etc.).

Utiliser une tasse de porcelaine Royal Albert, c'est donc un peu comme tenir une partie de l'histoire de la famille royale du bout des doigts ! Personnellement, j'adore les motifs fleuris inspirés des jardins anglais et les couleurs pastel que l'on trouve sur ces objets, mais aussi certaines magnifiques collections développées, comme celle avec la mannequin Miranda Kerr. J'aime aussi les jolis *mugs*, plus gros que les tasses de thé traditionnelles, pour les jours où je sirote, en plus de mon Earl Grey, un délicieux chocolat chaud !

Aynsley

C'est en 1775 que s'ouvre la première manufacture de porcelaine Aynsley, dans le comté de Staffordshire. Cette marque est reconnue pour faire appel à différents artistes talentueux. Ceux-ci sont derrière les motifs de roses et de fruits de ces tasses qui peuvent se vendre jusqu'à 300$ chacune ! Fait inédit : plus les roses et les fruits sont gros et plus ils sont proches du fond intérieur de la tasse, plus la valeur augmente. Et encore davantage si les fleurs sont de couleur rose !

Certaines collections de tasses d'Aynsley présentent aussi des lignes et des formes originales, notamment celle appelée « Corset », qui évoque élégamment des courbes féminines avec un corset.

Paragon

Fondée en 1897 à Longton et acquise par Royal Albert en 1960, Paragon est une marque de porcelaine élégante et intemporelle. Elle est très prisée des personnes qui recherchent le luxe.

Chaque pièce évoque un sentiment de distinction, voire de royauté. Ses fleurs et sa forme, souvent « à ouverture large » (*open mouth*), témoignent de la qualité exceptionnelle de la marque.

Wedgwood

La prestigieuse entreprise britannique Wedgwood, fondée en 1759 dans la ville de Burslem par Josiah Wedgwood, célèbre potier qui était le fournisseur de la reine Charlotte (épouse du roi George III), est l'une des plus anciennes marques de porcelaine européennes.

Réputée pour son artisanat d'excellente qualité, elle est particulièrement connue pour ces deux collections :

- la Jasperware, caractérisée par sa finition mate et poreuse ;
- la Queen's Ware, créée spécifiquement pour la reine Charlotte, un honneur qui a d'ailleurs suscité l'envie des aristocrates anglais.

Il y a quelque temps, ma mère m'a offert un magnifique ensemble de Queen's Ware pour huit personnes qu'elle avait reçu en cadeau de mariage il y a près

Tasse Royal Albert

Tasse Aynsley

Tasse Paragon

*Tasse Wedgwood**

Tasse Sèvres

Tasse Limoges

* *(Cette tasse provient du trousseau de mariage de ma mère.)*

de 60 ans. Tant de merveilleux souvenirs sont liés à cette vaisselle et à ces tasses de thé bleu pâle, couleur souvent appelée « bleu Wedgwood », ornées de délicates décorations blanches en relief, qui constituent la signature de cette marque.

La vaisselle en porcelaine de Wedgwood orne encore les tables de monarques britanniques et de nombreux autres dirigeants éminents, notamment au Vatican, à la Maison-Blanche, ainsi que dans certains des hôtels les plus prestigieux du monde.

Le fondateur, Josiah Wedgwood, arrière-grand-père de Charles Darwin, était un visionnaire, usant même à cette époque de stratégies commerciales (encore utilisées aujourd'hui !) pour faire rayonner la marque : garantie de remboursement, livraison gratuite, collaboration avec des personnalités influentes, catalogues illustrés, promotions, etc.

Sèvres

Sèvres est une marque de porcelaine française, établie d'abord à Vincennes en 1740 par le roi Louis XV, dans le but de rivaliser avec la porcelaine allemande de Meissen (Saxe). Devant l'insistance de la favorite du roi, Madame de Pompadour, la manufacture fut ensuite déplacée à Sèvres, à proximité de son château de Bellevue. Le roi devint alors le seul actionnaire, transformant ainsi l'entreprise en une manufacture royale qui bénéficiait de son soutien financier et de sa protection.

Même après des siècles, cette marque continue de produire des pièces magnifiques que l'on trouve souvent dans des ventes de succession ou aux enchères.

Il demeure cependant assez compliqué de distinguer une tasse de porcelaine de Sèvres, car il en existe de nombreuses collections, toutes aussi variées les unes que les autres. La signature sous la tasse est parfois même falsifiée. Il est donc recommandé de consulter un expert en porcelaine ou de mener des recherches approfondies.

Limoges

Fondée en 1737, la manufacture de porcelaine Limoges se spécialisait initialement dans la production de faïence. Après la découverte de gisements de kaolin en 1767, elle devint, avec la manufacture de Sèvres, l'une des plus anciennes manufactures de porcelaine fine en France.

La porcelaine de Limoges est célèbre pour ses magnifiques assiettes presque translucides, finement décorées avec des motifs élégants, tandis que ses tasses à thé peuvent sembler parfois un peu plus simples que d'autres marques.

D'autres marques à découvrir

Il existe aussi bien sûr d'autres charmantes marques de tasses de thé, vendues à un prix plus que raisonnable que j'aime beaucoup :

- **Shelley** pour ses tasses à la silhouette parfois gondolée comme une fleur ;
- **Foley** pour ses tasses à ouverture large (*open mouth*) ;
- **Elizabethan** pour ses jolis motifs floraux ;
- **Queen Anne** pour ses formes et ses couleurs évoquant la marque Royal Albert (au point où on peut facilement les confondre).

J'avoue que j'ai une préférence marquée pour les tasses de thé anglaises : je les trouve plus diversifiées en termes de couleurs et de motifs, bien qu'il y ait de magnifiques porcelaines provenant d'un peu partout dans le monde. À vous de les découvrir et de trouver les tasses qui correspondent à vos goûts ! Habituellement, ce n'est pas la valeur qui inspire les gens à les acheter, mais davantage la couleur, les motifs, la forme ou l'émotion suscitée par telle ou telle porcelaine. Là réside, pour moi, toute sa valeur.

Certaines porcelaines sont si vieilles que j'aime m'imaginer leur parcours, ainsi que les histoires des artistes qui les ont créées ou celles de leurs propriétaires antérieurs. Quelle merveille de boire le thé dans des tasses de porcelaine familiales qui renferment des souvenirs de nos mères et de nos grands-mères !

Lorsque les convives repartent de chez moi ou de mon salon, elles vont souvent se procurer un ensemble de tasses et théière qui permet de recréer ce moment de bonheur dans le confort de leur maison. Parfois, elles ressortent aussi des porcelaines reçues en héritage, qu'elles avaient rangées dans le fin fond du placard.

Nos ancêtres sortaient ces porcelaines pour les grandes occasions. Mon souhait est que cette vaisselle puisse être utilisée tous les jours. Un mercredi bien ordinaire ? Pourquoi pas ? Porcelainisez votre quotidien et invitez-y la magie ! Cela fait partie de la THÉrapie par la porcelaine, qui consiste à s'offrir un temps pour soi, à se considérer avec importance, amour et mérite.

Revenons maintenant à nos porcelaines…

Qualité et entretien de la porcelaine

Quelle que soit la porcelaine que l'on achète, de petits conseils s'imposent pour en évaluer la qualité, puis la nettoyer et la protéger.

Évaluer la qualité d'une tasse

Voici quelques astuces pour vérifier la qualité d'une tasse ou d'une soucoupe de porcelaine.

- **Inspection tactile.** Passez vos doigts à l'intérieur et à l'extérieur de la tasse et de la soucoupe pour vous assurer qu'elles sont lisses et sans ébréchures ni égratignures.
- **Test sonore.** Déposez la tasse dans la paume de votre main ouverte, puis donnez-lui une pichenette avec les doigts de l'autre main. Un son clair indique l'absence de fissures, tandis qu'un son étouffé peut en signaler une.
- **Examen de l'émail.** Assurez-vous que l'émail de la porcelaine est intact et sans rayures. Le plomb parfois présent dans la peinture et le vernis pourrait contaminer le thé en cas de rayures. Il existe

différentes trousses que l'on peut se procurer facilement en ligne pour détecter la présence de plomb.

- **Concordance des motifs.** Les motifs de la soucoupe doivent correspondre exactement à ceux de la tasse. S'ils sont dépareillés, cela diminue la valeur de l'ensemble.
- **Authenticité.** Pour confirmer qu'il s'agit de véritable bone china, testez sa transparence en soulevant la tasse vers une source de lumière. Vous devriez apercevoir vos doigts à travers la porcelaine.
- **Peinture et entretien.** Si les motifs ou la bordure en or de certaines tasses sont un peu altérés, des retouches peuvent être effectuées avec une peinture à carats d'or.

Nettoyer la porcelaine

À la longue, les tasses et les théières de porcelaine de Chine ou de bone china peuvent sembler très sales, voire crasseuses. En réalité, elles ne sont souvent que tachées par le thé. Si c'est le cas, commencez par laver vigoureusement la porcelaine avec du savon à vaisselle et de l'eau chaude, en y mettant un peu d'huile de bras pour essayer de faire partir les taches. Si elles persistent, appliquez-y une pâte composée de 2,5 ml (½ c. à thé) de bicarbonate de soude et d'un peu d'eau. Laissez reposer ainsi environ 5 minutes, puis rincez et lavez à nouveau.

Pour un traitement plus intense et efficace en cas de taches tenaces, vous pouvez utiliser une capsule de Polident (ou un autre type de pastille pour nettoyer une prothèse dentaire). Pour ce faire, placez une pastille dans la tasse ou la théière, versez de l'eau très chaude, laissez agir de 2 à 3 minutes, puis rincez et lavez. Cette méthode peut d'ailleurs aussi être utilisée pour détacher les tasses à café et les chaudrons. Pour les taches tenaces, laissez reposer toute une nuit. Il est toutefois recommandé d'éviter d'y recourir trop souvent, ce qui risquerait d'endommager l'émail de la porcelaine et les bordures dorées des tasses.

Protéger la porcelaine

Avec le temps, il est normal que les tasses et les théières de porcelaine, même de qualité supérieure, se fissurent, notamment en raison de l'eau frémissante ou bouillante que l'on y verse fréquemment. Cependant, il existe une astuce très simple pour dissiper la chaleur et ainsi protéger nos chères porcelaines. Placez une cuillère en métal dans la théière en porcelaine lorsque vous versez de l'eau très chaude. Le métal de la cuillère aide à répartir uniformément la chaleur, ce qui peut réduire le risque de fissuration. Faites de même avec votre tasse de thé lorsque vous y versez le thé.

Bien que la porcelaine soit hyper résistante à l'eau chaude, elle demeure très fragile aux chocs et aux heurts. Manipulez-la avec soin et gardez-la dans un endroit à l'abri de petites et grandes mains maladroites. Et pas de tchin tchin, SVP ! (On n'est plus à l'époque médiévale où l'on entrechoquait fort les verres l'un contre l'autre pour mélanger leur contenu et contrer les tentatives d'empoisonnement !)

L'histoire du thé est loin d'être enchan-thée

Le thé est l'élixir de vie.

Lao-tseu

Le monde du thé est vaste. D'ailleurs, saviez-vous que le thé est la boisson la plus consommée au monde après l'eau ? On pense souvent à tort que ce sont principalement les personnes âgées qui en boivent. Or, de plus en plus de jeunes générations se tournent vers cette boisson. Se souciant de leur santé, elles optent pour le thé, notamment en raison de ses diverses vertus (propriétés antioxydantes, anti-inflammatoires et parfois calmantes pour le système nerveux, etc.).

L'histoire du thé est longue et savoureuse, remontant, en Asie, à des millénaires… Dans le cadre de ce livre, qui s'appuie sur une tradition britannique, nous nous concentrerons toutefois sur l'histoire du thé en Angleterre.

Des origines millénaires

Le thé est originaire de la Chine, où il était initialement utilisé comme herbe médicinale avant de se transformer en boisson populaire (très appréciée par les moines bouddhistes, d'ailleurs, pour faciliter la concentration et la méditation pendant de longues périodes), il y a de cela environ 5000 ans. Bien que divers récits entourent sa découverte, le thé (*chà* en chinois) fut popularisé par l'empereur Shennong environ 2700 ans av. J.-C.

À cette époque, en Chine, la méthode prédominante pour préparer le thé consistait à chauffer les feuilles pour les dessécher, puis à les broyer en poudre avant d'ajouter de l'eau chaude. Cette boisson chaude était appelée *muo cha*, que l'on prononce *matcha* et qui signifie « thé en poudre » en japonais.

Le thé acquit rapidement le statut de boisson préférée des empereurs et devint un véritable mode de vie, se répandant partout en Asie. Or, pendant des centaines d'années, la Chine eut le monopole de l'exportation du thé, et de celle de la porcelaine et de la soie, ce qui lui conféra un pouvoir économique considérable sur le reste du monde.

La mode du thé bien avant David's Tea !

Vers la fin des années 1660, le thé, jusque-là consommé à des fins médicinales, devint très à la mode en Angleterre. Et une fois de plus, on doit cette popularité croissante à une femme, soit Catherine de Bragance, la fille du roi Jean IV de Portugal.

Mariée stratégiquement au roi d'Angleterre Charles II, en 1661, afin d'assurer le soutien britannique contre l'invasion espagnole et de consolider le commerce entre les deux pays, Catherine de Bragance devint la nouvelle reine d'Angleterre, d'Écosse et d'Irlande. (Une couronne assez lourde à porter, il me semble !)

Or, elle rapporta des caisses de thé en vrac, la boisson préférée de la cour royale du Portugal que Catherine affectionnait particulièrement. Le thé disponible au Portugal bénéficiait d'un commerce direct avec la Chine, et présentait donc une meilleure qualité et un meilleur prix (sans passer par un intermédiaire).

D'ailleurs, une hypothèse suggère que le mot *tea* proviendrait des caisses de thé sur lesquelles était inscrit *Transporte de Ervas Aromaticas*, signifiant « Transport d'herbes aromatiques » en portugais, et dont l'acronyme était T.E.A.

La cour anglaise était alors fascinée par l'exotisme de la nouvelle souveraine. Toutes les femmes aspiraient à lui ressembler, imitant son style vestimentaire, ses coiffures et même son habitude de boire du thé quotidiennement.

Catherine de Bragance contribua également à populariser l'utilisation de la fine porcelaine chinoise lors de l'heure du thé. (Merci, Catherine !) Bref, on peut considérer sa grande influence sur la popularité du thé en Angleterre ; une influence ensuite récupérée par la duchesse de Bedford, Anna Maria Russell, qui créa un *happening* autour de ce divin liquide.

La reine Catherine de Bragance (1638-1705)

La guerre, toujours la guerre (même pour du thé)

Le thé gagna tant en popularité que, en 1780, son prix était 10 fois supérieur à celui du café. Par ailleurs, jusqu'en 1784, une taxe de 119 % était prélevée sur cette boisson. Imaginez payer une taxe de 119 %!!! Seule l'aristocratie pouvait bien évidemment s'en offrir. En 1784, grâce à la *Commutation Act*, la taxe sur le thé passa de 119 % à 12,5 %. Fiou…

Le commerce du thé était si lucratif que la compétition entre les compagnies d'exportation était aussi féroce que la quête de l'or blanc pour la porcelaine. Une course effrénée se déroulait sur les mers, entre les navires des différentes compagnies, pour rapporter le thé en Europe avant les autres et ainsi en tirer des profits.

Dans les années 1830, le prix du thé augmenta considérablement en raison de la forte demande en Europe et du monopole de la Chine sur la production. Les coûts élevés de transport et les taxes gouvernementales ainsi que la grande dépendance de la Grande-Bretagne à ce commerce contribuaient également à ces prix élevés.

La Compagnie des Indes orientales – appelée dans un second temps la Compagnie britannique des Indes orientales –, établie en 1600 et qui bénéficiait du monopole du commerce dans l'océan Indien, éprouvait des difficultés à effectuer des paiements en espèces pour le thé chinois. Elle proposa alors de faire du troc et d'échanger de l'opium contre du thé. Cet échange d'« herbes » engendra un problème de santé publique en Chine, où les gens se retrouvèrent accros à cette drogue.

En 1839, l'armée chinoise détruisit une importante cargaison d'opium pour protester contre l'influence croissante de la Grande-Bretagne sur la Chine et exiger des paiements en argent pour le thé plutôt qu'en opium. Cela déclencha la première guerre de l'opium entre les deux nations.

La Compagnie britannique des Indes orientales, qui désirait depuis longtemps cultiver son propre thé pour contrôler le marché, profita de ce boycottage commercial entre les deux pays en guerre pour engager un botaniste anglais, Robert Fortune, en vue d'une mission périlleuse. L'homme changea son identité et s'introduisit clandestinement en Chine, où il apprit les secrets de la culture et de la préparation du thé, selon les procédés chinois. On raconte même qu'il vola aussi des plants de thé pour les rapporter en Inde (qui était alors une colonie britannique). Le veinard réussit cet exploit, devenant l'acteur principal d'un moment marquant de l'histoire du thé, que les Anglais appellent « The Great Tea Robbery » ou « Le grand vol du thé » (1848), qui mettra fin à des siècles de monopole chinois sur le commerce du thé.

Ce livre sur l'heure du thé ressemble de plus en plus à un roman policier, non ?

Le thé dans toutes ses couleurs et ses saveurs

Lorsque le thé devient rituel, il prend place au cœur de notre capacité à voir la grandeur dans les petites choses.

MURIEL BARBERY

Il existe une vaste gamme de thés, chacun présentant ses propres caractéristiques visuelles, ses saveurs et ses arômes distincts. Plusieurs livres spécialisés ont été publiés sur le sujet. N'étant ni cultivatrice ni dégustatrice, je ne m'étendrai pas de long en large sur ce sujet, mais faisons une petite saucette dans la tasse pour rappeler les différentes catégories de thé, qui peuvent toutes être servies lors de l'heure du thé (selon vos goûts et ce que vous avez sous la main) !

Toutes les variétés de thé sont issues de la même plante, le théier (*Camellia sinensis*). Les feuilles, les racines ou les fleurs provenant d'un végétal autre que le théier sont considérées comme des tisanes, dont les saveurs et les propriétés varient d'une plante à l'autre.

On classe le thé en quatre grandes catégories, selon l'oxydation des feuilles.

L'oxydation, qui est une forme de fermentation, est un processus naturel qui modifie la couleur et le goût des feuilles de thé fraîches, déterminant ainsi la catégorie et la saveur du thé. Pour amorcer le processus d'oxydation, on roule les feuilles de thé fraîches à la main ou à la machine, afin de fendre la surface de la feuille pour que l'oxygène réagisse avec les enzymes de la plante.

En exposant sélectivement les feuilles à l'oxygène, les producteurs de thé peuvent jouer avec les arômes et les saveurs. Ainsi, le thé noir est entièrement oxydé et le thé Wulong l'est partiellement, tandis que les thés vert, blanc et jaune ne sont pas oxydés. En général, moins un thé est oxydé, plus son goût et son arôme sont légers (même si certains thés verts sont corsés). Les thés longuement oxydés produiront une infusion plus sombre, d'un brun rougeâtre, alors que les thés moins oxydés produiront un liquide dans les teintes de jaune-vert.

Les quatre grandes catégories de thé

- Le thé blanc.
- Le thé vert.
- Le Wulong (grosso modo à mi-chemin entre le thé vert et le thé noir).
- Le thé noir.

Il existe aussi le thé jaune, mais il est plus rare et moins connu.

Quatre grandes familles dans la tasse

Différents paramètres sont à considérer lorsqu'on souhaite obtenir un thé révélant tous ses arômes et saveurs. Ainsi, la quantité infusée, la température de l'eau et le temps d'infusion varient d'une catégorie à l'autre, mais également d'un thé à l'autre. Vous trouverez ici des indications générales pour chaque catégorie de thé. Je vous recommande toutefois de toujours bien vérifier les indications précisées sur chaque thé que vous achetez.

Thé blanc

Le thé blanc est celui dont la feuille subit le moins de transformations par rapport à son état original. Non oxydé, ce thé est simplement cueilli et séché.

Bienfaits

Rafraîchissant, désaltérant et faible en théine, le thé blanc aurait des propriétés anti-âge et pourrait aider à atténuer les effets de la ménopause.

Thé vert

La gamme des thés verts est un peu plus vaste que celle des thés blancs. Le processus et le temps d'oxydation se ressemblent toutefois. Après la cueillette, les feuilles sont laissées à flétrir pendant quelques heures. Puis, afin d'éliminer l'humidité, elles sont cuites (torréfiées) ou alors soumises à une fermentation à l'étouffé (vapeur). Les différentes saveurs des thés verts varient considérablement, allant d'un goût végétal à un goût minéral ou encore plus floral ou fruité.

Bienfaits

Riche en antioxydants, le thé vert facilite la digestion et pourrait aussi contribuer à la perte de poids en stimulant la combustion des graisses du corps. Il améliore la concentration et la mémoire, tout en apaisant l'esprit. Il agit en outre au niveau de la glycémie en la rééquilibrant.

Thé Wulong

Contrairement aux thés verts qui subissent une légère oxydation ou aux thés noirs qui sont fortement oxydés, les thés Wulong subissent une oxydation partielle contrôlée. Cela se fait traditionnellement en laissant les feuilles de thé partiellement flétries dans un environnement contrôlé où l'humidité et la température sont surveillées attentivement. Leur texture veloutée contribue à une expérience gustative riche et agréable, empreinte d'une saveur florale ou fruitée, avec des nuances boisées ou délicatement grillées.

Bienfaits

Le thé Wulong active le métabolisme et aide à brûler les graisses. Il possède aussi des propriétés antistress, relaxantes, voire euphorisantes, contribuant ainsi à l'amélioration de l'humeur.

Thé noir

Le thé noir représente environ 90 % de tout le thé consommé en Occident. Il est complètement oxydé et son processus comporte cinq étapes :

1. le flétrissage ;
2. le roulage ;
3. l'oxydation ;
4. la torréfaction ;
5. le triage.

Bienfaits

Le thé noir contient aussi de nombreux antioxydants. En raison de sa teneur élevée en théine, il est souvent préféré le matin. On lui attribue des bienfaits pour la santé digestive et cardiovasculaire, ainsi que des propriétés stimulantes pour le cerveau et le système nerveux.

Méthodes d'infusion

Thé blanc

1 c. à thé (5 ml)
dans 1 tasse (250 ml) d'eau
chaude à 80 °C (175 °F)

Infusion de 2 à 5 minutes
(selon le thé choisi)

Thé vert

1 c. à thé (5 ml)
dans 1 tasse (250 ml) d'eau
chaude à 75-80 °C (165-175 °F)

Infusion de 1 à 4 minutes
(selon le thé choisi)

Thé Wulong

1 c. à thé (5 ml)
dans 1 tasse (250 ml) d'eau
chaude à 75-85 °C (165-185 °F)

Infusion de 2 à 5 minutes
(selon le thé choisi)

Thé noir

1 c. à thé (5 ml)
dans 1 tasse (250 ml) d'eau
chaude à 90-95 °C (195-205 °F)

Infusion de 3 à 5 minutes
(selon le thé choisi)

Les favoris à l'heure du thé

Les Anglais ont manifestement une préférence pour le thé noir, si l'on observe les variétés qu'ils consomment le plus. On raconte d'ailleurs que la popularité du thé noir proviendrait d'une cargaison de feuilles de thé vert mal conservées lors d'un voyage de la Chine vers l'Angleterre, altérant ainsi leur goût. Heureusement, ce goût inhabituel séduisit les palais britanniques qui l'adoptèrent. Comme quoi on peut trouver du bon même dans des feuilles défraîchies !

Les grands hôtels et les salons de thé réputés proposent une variété de thés pendant l'heure du thé, mais aussi à tout autre moment de la journée… Après tout, pourquoi attendre 16 h ? Voici les plus populaires.

English Breakfast. Ce thé corsé et riche en bouche est principalement consommé le matin (comme son nom l'indique) pour bien commencer la journée. Il est souvent servi avec du lait ou une tranche de citron.

Earl Grey. Ce thé noir (le préféré de la reine Élisabeth !) fortement aromatisé à la bergamote est dégusté à toute heure de la journée, avec ou sans lait ou citron.

Darjeeling. Surnommé le « champagne du thé » en raison de son coût plus élevé, ce thé offre une saveur délicate, florale et fruitée. Il est souvent servi à l'heure du thé et est considéré comme meilleur sans lait ni sucre. Il est aussi recherché pour son astringence.

Assam. Ce thé corsé est parfait pour démarrer la journée. Il se déguste bien avec un peu de lait et de sucre.

Wulong. À mi-chemin entre le thé vert et le thé noir, ce thé plus léger au palais peut être apprécié à tout moment. Il est servi sans lait ni sucre, mais certaines personnes y ajoutent du miel.

Orange Pekoe. Attention ! Le nom de ce thé est trompeur puisqu'il ne possède aucun arôme d'orange. Il tire en fait son nom de la maison d'Orange-Nassau, une famille royale néerlandaise qui a joué un rôle important dans le commerce du thé. Il est reconnu pour son intensité moyenne et peut être apprécié à toute heure de la journée, avec ou sans lait et miel.

Lapsang Souchong. Ce thé aux arômes profonds est fumé sur du bois de pin ou d'épicéa, ce qui lui donne une odeur et un goût uniques. Il se déguste avec ou sans lait et sucre. Il était le préféré de la regrettée princesse Diana.

Ceylon (autrefois Ceylan). Vivifiant et rafraîchissant, ce thé est marqué par des notes d'agrumes. Il se déguste aussi bien nature qu'agrémenté de sucre ou de miel, avec une tranche de citron.

Keemun. Même s'il est peut-être moins connu, ce thé noir est toutefois très apprécié pour son goût à la fois corsé, velouté et fruité. On le savoure nature ou avec du miel ou du citron, au goût.

Yunnan. Voilà un thé riche et doux, avec des notes de chocolat, qui se boit tel quel ou avec du miel ou du sucre.

Saviez-vous qu'il existe des sommelières de thé tout comme il y en a pour le vin ? Ces passionnées possèdent une expertise en la matière et peuvent même recommander des accords parfaits entre thés et plats. Ma sommelière complice ? Nulle autre que l'incroyable Lady T !

À vos théières ! Voici maintenant venu le temps de préparer le thé.

La préparation du thé

La vie est comme une tasse de thé,
tout est dans la manière de la préparer.

INCONNU

Comment préparer et infuser un thé *top notch* ? Avec un peu d'entraînement, préparer la parfaite tasse de thé est très simple. Comme le dit une de mes complices, la sommelière de thé Lady T : « Si vous savez faire bouillir de l'eau, vous pouvez faire du thé ! »

D'emblée, trois éléments clés sont à considérer dans la préparation du thé :

- la quantité de thé ;
- la température de l'eau ;
- le temps d'infusion.

Penchons-nous maintenant davantage sur cette préparation… et au-dessus des vapeurs de ces délicieuses infusions…

Étapes, accessoires et astuces pour une préparation parfaite

La théière

- Sortez votre plus belle théière et votre tasse en porcelaine (évidemment !) préférée. Pour maintenir une température d'infusion constante, il est recommandé d'utiliser une théière avec un couvercle, ce qui préserve également les arômes de l'infusion.
- Réchauffez la théière en y versant de l'eau bouillante et en la faisant tourbillonner pendant quelques secondes.
- Jetez l'eau.

L'eau

- L'eau utilisée peut modifier le goût du thé. Utilisez toujours de l'eau fraîche et évitez de réchauffer une eau qui a déjà été bouillie ; une partie de l'oxygène s'étant déjà évaporée, cela pourrait altérer la saveur du thé.
- Privilégiez une eau filtrée ou une eau de source. *Évitez les eaux distillées ou minérales* qui atténueront la saveur du thé ou lui donneront un goût chimique.
- Faites bouillir l'eau. Il n'est pas nécessaire de la laisser bouillir très longtemps.
- Retirez du feu et, à l'aide d'un thermomètre, mesurez la température requise pour l'infusion selon les indications spécifiques à chaque sorte de thé.

Les infuseurs

- Lorsqu'il est infusé, le thé peut se dilater et prendre de 2 à 5 fois plus d'espace. Pour permettre aux feuilles de se déployer entièrement, utilisez des infuseurs ou des sachets de taille assez grande. Les grands filtres offrent beaucoup d'espace et favorisent donc une meilleure circulation de l'eau autour des feuilles.

Une variété d'infuseurs et de filtres à thé

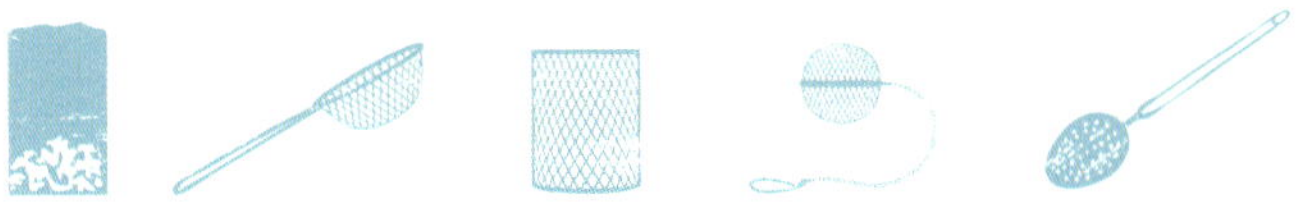

1. 2. 3. 4. 5.

Il existe une variété d'infuseurs et de filtres à thé, que ce soit pour une tasse individuelle ou pour une théière. Ils sont conçus pour retenir les feuilles afin d'éviter qu'il y en ait dans le liquide que l'on boit ensuite.

Certaines théières ont un système de filtre intégré situé à l'entrée du verseur, mais qui laisse parfois passer des grains de thé dans le liquide. Il est préférable d'opter pour l'un de ces accessoires afin de bien filtrer son thé en vrac.

1. **Le filtre en papier ou en coton.** Ces sachets ressemblent à de petits sacs que l'on peut remplir soi-même ; on les place dans la théière ou directement dans la tasse. Ceux en papier biodégradable sont souvent vendus en boîte. On en trouve aussi en coton réutilisable dans divers formats, que vous pouvez vous procurer selon la taille de la théière ou de la tasse utilisée.

2. **La passoire pour tasse (avec ou sans poignée).** Cet accessoire ressemble à un petit tamis. Ce filtre, souvent en treillis métallique, est offert dans diverses tailles et est habituellement déposé sur les rebords de la tasse pour permettre aux feuilles de thé de s'ouvrir pleinement dans l'eau.

3. **La passoire pour théière.** Cet outil est similaire à la passoire utilisée pour les tasses de thé, mais elle est plus grande et de format allongé. Elle se place dans la théière pour permettre aux feuilles de thé de se déployer complètement lors de l'infusion.

4. **La boule.** Offerte en différentes tailles et conçue à partir de divers matériaux (silicone, acier inoxydable), la boule à thé (parfois de formes arrondies diverses) est utilisée pour une infusion directement dans la tasse.

5. **La pince.** La pince à thé a l'apparence de deux cuillères qui s'ouvrent (afin d'y ajouter les feuilles de thé) et se referment ensuite. Grâce à son manche, on peut brasser l'eau durant l'infusion.

Quel que soit l'infuseur ou le filtre que vous choisissez, assurez-vous qu'il soit adéquat pour le thé en vrac utilisé ainsi que pour la quantité à infuser, afin que les feuilles aient suffisamment d'espace pour s'ouvrir.

Les feuilles de thé et l'infusion

- Mesurez la quantité requise de thé selon le type de thé et la taille de la théière ou de la tasse. Voici une règle d'or facile à retenir lorsque vous préparez une théière de thé : mesurez une cuillère à thé de feuilles de thé par personne et ajoutez-en une autre… pour la théière ! Bien sûr, vous pouvez toujours ajuster le dosage selon votre goût. Évitez toutefois de dépasser quatre cuillères à thé par théière, à moins que vos convives et vous aimiez le thé extrêmement fort.
- Placez les feuilles de thé dans l'infuseur choisi, puis dans la tasse ou la théière.
- Versez l'eau à la température requise sur les feuilles. Cette action crée un léger effet de tourbillon qui permet le parfait mélange du thé et de l'eau, amorçant ainsi le processus d'infusion.
- Laissez infuser le thé selon le temps requis (habituellement de 2 à 5 minutes) ou l'intensité du goût que vous recherchez. Évitez d'excéder le temps d'infusion suggéré afin de prévenir le goût du thé amer. Si vous préférez un thé fort, il est suggéré d'utiliser davantage de feuilles.
- Si votre thé est trop amer, diminuez la prochaine fois le temps d'infusion ou la température de l'eau. En revanche, s'il est trop faible, augmentez légèrement le temps d'infusion, la température de l'eau ou la quantité de thé utilisée.
- Un petit conseil : prévoyez une autre théière d'eau chaude déjà prête pour ajouter un peu d'eau au thé s'il est trop corsé.

Des infusions multiples

- Un thé de bonne qualité peut être infusé de deux à trois fois. Pour cela, augmentez le temps d'infusion d'une minute pour chaque infusion subséquente.

Le thé en sachet

Dans la tradition anglaise, la qualité du thé revêt une grande importance. La principale différence entre le thé en sachet et celui en vrac réside dans le processus de séchage. Le processus de séchage du thé en sachet vise à en prolonger la durée de conservation. Quant aux feuilles de thé en vrac, elles subissent généralement un processus de séchage plus délicat, préservant ainsi davantage leurs saveurs et leurs propriétés.

Le choix entre un thé en sachet et un autre en vrac dépend évidemment de plusieurs facteurs : goût personnel, accessibilité, budget, temps, etc. L'heure du thé est un art de vivre qui fait appel à la pleine conscience et qui vise à infuser dans chaque geste amour et raffinement. Ainsi, même si la tradition fait plus souvent appel à un thé en vrac de qualité, il est tout à faire possible d'organiser une parfaite heure du thé en utilisant du thé en sachet que vous dégusterez avec plaisir dans votre tasse préférée, en compagnie de convives heureuses !

Sucre, miel, lait et citron

Il est conseillé de commencer par déguster le thé sans ajouter ces « condiments » afin d'apprécier pleinement la diversité des saveurs d'un thé de qualité. Ensuite, vous pouvez en équilibrer le goût en y ajoutant un peu de sucre, de miel, de lait ou de citron selon vos préférences personnelles.

Mais attention ! Quelques conseils

- Déposez toujours le sucre avant le citron, sinon l'acide citrique de l'agrume empêchera le sucre de se dissoudre.
- Ne combinez surtout pas le citron et le lait, lequel risquerait de cailler.
- Respectez les indications pour chaque thé tout en vous fiant bien sûr à votre goût personnel.

Pour un thé végane

En raison de son goût neutre, le lait d'avoine est une excellente solution de rechange au lait de vache. Le lait d'amande nature et le lait de coco peuvent également être appréciés dans le thé. Essayez-les pour découvrir vos préférences !

Conservation du thé

Il est préférable de conserver le thé dans un contenant ou un sac hermétique, placé dans un endroit frais et sec, loin de la lumière directe et des fortes odeurs. Le thé absorbe facilement d'autres arômes ; pour cette raison, ne le rangez pas dans l'armoire à épices. Ne réfrigérez pas les feuilles de thé : elles pourraient subir une perte de saveur causée par la condensation.

Selon certaines études, le thé en feuilles pourrait perdre ses vitamines et ses antioxydants au fil du temps. Il est donc recommandé de le consommer dans un délai d'un an après l'achat, bien que l'industrie du thé considère généralement qu'une consommation dans les deux ans suivant l'achat soit acceptable. Au-delà de cette période, le thé ne sera pas nocif, mais il perdra progressivement sa fraîcheur, sa saveur et ses propriétés bénéfiques pour la santé.

Sur ce, bonne dégustation !

10

L'étiquette… et sa mauvaise réputation

La vie, c'est comme faire du thé !
Faites bouillir votre ego, laissez évaporer vos soucis,
diluez vos chagrins, filtrez vos erreurs et goûtez au bonheur.

Inconnu

Si elle est caractérisée par l'élégance, la courtoisie et le raffinement, c'est que l'heure du thé est aussi une affaire d'étiquette et de bienséance.

Pour certaines personnes, le concept d'« étiquette » évoque une sévérité ou un décorum froid. Moi la première, je l'avoue ! Pourtant, le rituel de l'heure du thé est tout le contraire : il représente l'hospitalité, le réconfort, la bonté et la considération. En bonne Sherlock Holmes que je suis devant les récits mystérieux de l'heure du thé, j'ai enquêté sur l'origine de l'étiquette pour mieux en comprendre les raisons. Et devinez quoi ? C'est franchement intéressant !

D'où vient le terme « étiquette » ?

Dans le dictionnaire *Le Robert*, on définit le mot « étiquette » ainsi : « Ordre de préséances ; cérémonial en usage auprès d'un chef d'État, d'un grand personnage ; protocole. »

Le concept d'étiquette est d'abord apparu en France sous le règne du roi François Ier, qui régna entre 1515 et 1547. Il instaura des règles de conduite à suivre au sein de la cour royale. Jusque-là, ça m'apparaît tout à fait légitime ! C'est après que ça se corse...

En effet, les conventions sociales devinrent de plus en plus nombreuses et rigides sous la monarchie de Louis XIV. Le terme « étiquette » apparut d'ailleurs durant son long règne, s'échelonnant de 1643 à 1715.

Chaque été, le roi organisait au château de Versailles une immense fête ouverte à tous les sujets du royaume. Une fois cette journée de festivités terminée, les fabuleux jardins royaux, qui étaient une des fiertés du roi, se retrouvaient complètement souillés d'ordures et détruits par les milliers de piétinements des invités. Or, une année, le souverain fit installer de petits cartons appelés jadis, en vieux français, « estiquettes » et signifiant « piquer » ou « attacher ». Une estiquette était donc une petite enseigne ou une note accrochée pour donner des indications. Il y était alors inscrit « Prière d'éviter de marcher sur le gazon » et « Prière de laisser les fleurs à leur place », ainsi que plusieurs autres règles de conduite un peu partout sur le terrain du château. Bien sûr, on respecta ces consignes par peur d'offusquer Sa Majesté qui pouvait se montrer pour le moins intransigeante.

Ainsi apparut l'étiquette, qui, avec le temps, évolua pour désigner l'ensemble des règles de comportement et de courtoisie à respecter, notamment à la cour royale.

Une affaire de toilette publique !

Mais pourquoi la notion d'étiquette a-t-elle si mauvaise réputation ? Cela n'est pas dû à ces petits cartons placés dans les jardins royaux, mais plutôt à l'abus de pouvoir et à la vanité de Louis XIV. Pour mieux en comprendre la raison, il est essentiel de savoir que la monarchie française avait l'obligation d'être accessible en permanence à ses sujets, contrairement aux autres cours européennes. Le roi et la reine de France « appartenaient » à leurs sujets, transformant ainsi leur vie privée en une affaire publique.

Leur vie aurait pu ressembler à une émission de téléréalité, leurs sujets étant leur fidèle public. Toutefois, à la place des caméras, ce sont les nobles de la cour qui les observaient de près en tant que spectateurs de leur quotidien. Un exemple ? La reine devait accoucher en public pour authentifier l'identité du bébé. Marie-Thérèse d'Autriche, épouse de Louis XIV, était pudique. Or, elle connut l'expérience délicate d'accoucher devant une foule de spectatrices composée des grandes dames de la cour. On raconte qu'il y avait tellement de monde dans la chambre royale que la reine eut des crises de panique au point d'en perdre connaissance. Après avoir donné naissance à sa fille, elle échappa de peu à la mort, marquant ainsi la fin des accouchements royaux en public.

En revanche, Louis XIV, avide de gloire, poussa cette notion de vie publique à un niveau extrême, transformant chaque événement royal, même parmi les plus anodins et intimes, en un spectacle quotidien. Ainsi, pour les rencontres de haute importance, les sujets devaient débourser jusqu'à 100 000 écus (anciens francs) pour bénéficier d'une audience privée avec le roi assis sur sa « chaise d'affaires ».

Eh oui ! Cette chaise percée, qui était en fait une toilette, servait de lieu de rencontre d'affaires. Sa Majesté prenait place sur cette toilette royale pour discuter de différents sujets, même s'il n'avait pas besoin de soulager « ses intestins ». Louis XIV faisait de cet acte quotidien une grande cérémonie plutôt qu'une simple obligation biologique, considérant cela comme un symbole ultime d'accessibilité. (Je crois que Louis aurait adoré vivre à l'ère des réseaux sociaux !)

Lorsque Louis XV, le successeur, monta sur le trône, il modifia cette tradition, préférant se soulager en privé et déclarant pour ce faire qu'il se retirait dans son « cabinet d'affaires » !

Ainsi, la prochaine fois qu'une personne avec qui vous travaillez vous invitera dans son cabinet d'affaires, vous saurez d'où provient ce concept quelque peu insolite, gracieusement offert par les deux Louis !

Ce petit détour par les cabinets m'amène à vous parler des règles royales rigides instaurées à Versailles et qui donnent souvent mauvaise réputation à l'étiquette…

Des règles royales au quart de tour

Craignant de manière paranoïaque les complots et les assassinats, Louis XIV entreprit l'agrandissement et la transformation de l'ancien pavillon de chasse de Louis XIII, à Versailles, en un immense château de 2300 pièces. Il y transféra toute sa cour dans le but de mieux la contrôler en l'isolant de la sorte.

Ainsi, dès 1682, plus de 7000 nobles et membres du personnel, désignés comme « les gens du château », résidaient au château de Versailles aux côtés du roi et de la reine. Pour assurer l'harmonie au sein de la cour, il était impératif d'établir un protocole de conduite, n'est-ce pas ? Cependant, selon les documents tirés des mémoires de Louis XIV, ce dernier avait une vision différente de la chose. Au lieu de mettre en place un code comportemental pour le bien de tous les habitants du château, le roi préféra instaurer des règles que ses sujets devaient adopter pour recevoir ses faveurs.

Tout gravitait autour du nombril de Louis XIV, ce qui explique bien pourquoi il s'autoproclama le Roi-Soleil. Poussant à l'extrême le concept de vie publique en transformant chaque étape de sa journée en grand événement, le roi élabora donc un horaire détaillé de ses journées, accompagné de règles strictes, qu'il fit distribuer dans tout le château pour que tout le monde soit informé de son emploi du temps et des comportements à adopter. (On pourrait presque dire que ça ressemble à un agenda Google qu'on partage avec son ex-conjoint pour la garde partagée des enfants !) Louis est clairement né 385 ans trop tôt !

Du lever du roi jusqu'à son coucher, l'organisation de la cour était réglée au quart de tour, notamment avec les 350 horloges placées partout dans le château et garantissant que chacun puisse respecter l'horaire royal. Pas d'excuse pour manquer le brossage de dents du roi !

Mais pourquoi les nobles s'infligeaient-ils ces moments des plus insignifiants ? Parce que, à cette époque, le titre et le rang étaient d'une importance capitale et ceux-ci dépendaient entièrement de l'estime que le roi portait à ses courtisans.

La hiérarchie royale française, mais aussi britannique, se déclinait ainsi :

*roi
et reine*

*dauphin
et dauphine**

*prince
et princesse*

*duc
et duchesse*

*comte
et comtesse*

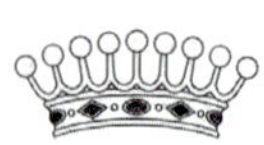

*marquis
et marquise*

*vicomte
et vicomtesse*

*baron
et baronne*

** Ces titres existaient seulement en France.*

Les titres étaient généralement attribués en fonction du rang et des responsabilités. Mais dans la cour de Louis XIV, cette hiérarchie reposait souvent sur l'humeur du roi, qui pouvait octroyer ou retirer des titres et des rangs à sa guise. Cela créait une compétition féroce entre les nobles de la cour, incités à gagner ou à préserver la faveur du souverain.

Plus les nobles participaient aux cérémonies publiques quotidiennes de Louis XIV, plus grandes étaient leurs chances d'obtenir et de préserver l'estime du souverain, ce qui expliquait la présence constante d'une foule le suivant partout. En outre, la noblesse, constamment affairée à gagner l'estime du roi, n'avait guère le loisir de conspirer contre lui. Pas bête, ce sacré Louis !

L'étiquette sous le règne de Louis XIV devint donc rapidement synonyme de survie au château, la hiérarchie se tramant à travers elle. Disons que les règles étaient suivies à la lettre par crainte plutôt que par véritable respect pour le souverain. Voilà pourquoi l'étiquette a parfois mauvaise presse… *RIP*, Louis !

11

L'étiquette aux mains des Anglais

Verser l'amour une tasse de thé à la fois.

Inconnu

Do *you fancy a cup of tea?* Cette question, que l'on traduit par « Voulez-vous une tasse de thé ? », incarne parfaitement la tradition britannique de l'heure du thé et l'hospitalité anglaise.

Pour les Anglais, l'étiquette n'était pas une affaire personnelle, mais constituait une manière respectueuse d'interagir avec autrui. Ils en ont fait un véritable art de vivre. L'étiquette revêt une importance considérable pour le rituel de l'heure du thé lors duquel l'atmosphère est empreinte de considération et de courtoisie envers toutes les personnes présentes.

Bien sûr, un protocole précis doit être observé en présence de la famille royale. Certaines règles existent depuis des siècles, tandis que d'autres ont été instaurées et modernisées par Sa Majesté la reine Élisabeth II.

Parmi les actions entreprises pour « moderniser » la royauté, on compte entre autres les célèbres *walkabouts*, soit les sorties de la reine pour aller à la rencontre du public et tisser des liens avec son peuple. Elle a aussi fortement encouragé les membres de la famille royale à s'impliquer dans diverses causes sociales. De plus, elle a banni l'ail de la cour pour éviter la mauvaise haleine lors de réceptions et interdit le *Monopoly* pour prévenir une compétition excessive entre les personnes y jouant.

Quelques règles monarchiques

Laissez-moi maintenant partager avec vous quelques éléments de l'étiquette royale, au cas où l'une d'entre vous aurait le privilège d'être invitée au palais de Buckingham ou de rencontrer la famille royale. Qui sait !? Certaines de ces règles de bienséance s'appliquent également en présence de personnes âgées ou haut placées dans la hiérarchie sociale et professionnelle, telles que les patrons, les membres du gouvernement et autres personnalités éminentes. Il est toujours judicieux de disposer de telles connaissances. On ne sait jamais sur qui on tombera…

Certaines règles à suivre lorsque l'on rencontre la reine et/ou la famille royale :

1. **Faire la révérence**
   Seuls les sujets de la reine ou de la famille royale sont encouragés à faire la révérence. Cependant, la plupart des gens, sujets ou pas, la font par signe de respect et de politesse.

   Mais comment faire la révérence ? Les hommes peuvent simplement effectuer un lent hochement de la tête. (Ces messieurs l'ont toujours plus facile, me semble-t-il !) Quant aux femmes, elles peuvent exécuter une petite révérence en plaçant une jambe derrière l'autre (au choix) et en pliant légèrement les genoux, tout en maintenant le tronc et la tête droits, le regard fixé sur Sa Majesté, en esquissant bien sûr un sourire…

   La révérence se fait doucement et dure généralement de deux à trois secondes. Il est recommandé d'éviter la grande révérence telle qu'on

Mes hommages à Élisabeth II

J'ai toujours respecté profondément la figure qu'incarnait la reine Élisabeth II (1926-2022), dont le règne exceptionnel de 70 ans est le plus long de l'histoire des monarques britanniques. Avec sa force tranquille et son élégance, malgré sa petite taille, elle me faisait penser à mes précieuses porcelaines...

Afin qu'elle demeure dans nos mémoires, voici quelques faits étonnants sur cette grande Lilibet, soit le surnom affectueux que lui donnait sa famille.

- Elle savait réparer des voitures. En effet, à l'âge de 18 ans, en tant que princesse, elle suivit des cours de mécanique afin de conduire des ambulances militaires pendant la Seconde Guerre mondiale.
- Elle était passionnée des corgis et en adopta une trentaine, au total, tout au long de sa vie.
- Elle pratiquait régulièrement l'équitation et aurait voulu être éleveuse de chevaux... si elle n'avait pas été reine.
- Son chef privé, Darren McGrady, lui préparait chaque semaine son gâteau préféré, un gâteau au chocolat et biscuit, qu'elle refusait obstinément de partager. (Je me reconnais ici avec mes barres de chocolat noir et mes biscuits préférés... au grand désarroi de ma famille !)
- D'après ce même chef, le petit-déjeuner favori d'Élisabeth était des céréales Special K, qu'elle prenait chaque matin dans le même bol en plastique jaune.

la voit dans les films d'époque, avec le regard baissé vers le sol, car cela est souvent interprété comme un signe de soumission plutôt que de respect. Nous sommes toutes de grandes dames, n'est-ce pas ? Alors, portons la tête haute et le dos droit, *ladies* !

2. Ne pas tourner le dos à la monarchie
Tourner le dos à un membre de la famille royale est considéré comme un manque de respect. Après avoir effectué la révérence, reculez légèrement, puis pivotez dans la direction vers laquelle vous devez partir.

3. Faire un *selfie* avec la royauté ?
Il est généralement interdit de faire un égoportrait avec la reine ou le roi en raison des règles strictes concernant la proximité avec ceux-ci. Cependant, on voit souvent, maintenant, les jeunes membres de la famille royale comme le prince William et la princesse Meghan en faire avec le public.

La reine Élisabeth II a d'ailleurs déjà enfreint cette règle. En 2014, Sa Majesté a fait une blague à deux joueuses de l'équipe de hockey féminine d'Australie lors des Jeux du Commonwealth à Glasgow. Toujours consciente de son environnement, la souveraine a repéré les jeunes femmes faisant un *selfie* et a décidé de se « photobomber » en s'introduisant derrière elles pour apparaître sur la photo.

4. Ne pas demander d'autographe
Il est également interdit à la famille royale de signer des autographes, et ce, afin de prévenir le risque de falsification. On n'est jamais bien loin d'une fraude fiscale, n'est-ce pas ? Une fois de plus, certains membres de la famille transgressent cette règle. On dit que la princesse Meghan, une actrice américaine, contourne cette interdiction en écrivant des mots chaleureux à ses fans sans apposer sa signature. Quelle brillante astuce !

5. Éviter d'engager un contact ou un rapprochement avec la royauté
La règle générale est d'attendre que la reine, le roi ou les autres

membres de la famille royale vous tendent la main pour la serrer. Il est difficile d'imaginer la quantité de poignées de main que ceux-ci doivent échanger dans une journée (sans compter le nombre de microbes qui s'y propagent !). C'est l'une des raisons pour lesquelles la reine portait des gants lors des occasions officielles et des cérémonies.

Par ailleurs, il est strictement interdit de toucher et de faire un câlin ou une bise à la reine ou au roi. Louis Garneau, ex-cycliste olympique, aurait certainement bénéficié de la lecture de ce livre avant sa rencontre avec Élisabeth II, car il a déjà posé sa main sur l'épaule de la reine pour une photo… qui a vite fait le tour du monde et suscité la controverse ! Il en va de même pour Michelle Obama, épouse de l'ex-président des États-Unis, Barack Obama, qui a affectueusement posé la main dans le dos de la reine lors de leur première rencontre. Or, au lieu de réprimander Michelle, la reine a placé sa main gantée dans le dos de madame Obama en retour, témoignant un signe d'affection réciproque qui en a surpris beaucoup. Ces deux femmes se respectaient et s'admiraient mutuellement, et elles l'ont affiché publiquement. Parfois, heureusement, le cœur l'emporte sur les codes !

Comment donner la parfaite poignée de main ?

Les membres de la famille royale s'exercent dès leur plus jeune âge à donner une poignée de main parfaite. Voici un petit truc pour vous entraîner vous aussi, en tant que digne reine que vous êtes :

- Prenez une bouteille d'eau en plastique remplie et retirez le bouchon ;
- Serrez la bouteille de manière que l'eau ne jaillisse pas de l'ouverture.

6. Reconnaître les signes avant de serrer la main
Avez-vous déjà remarqué que les femmes de la royauté portent avec elle des minaudières, ces petits sacs à main souvent sans poignée ? Deux raisons expliquent cette coutume.

- En tenant leur minaudière à deux mains, les femmes indiquent de manière courtoise qu'elles prendront une pause de poignées de main. Ainsi, les gens rencontrés feront la révérence sans tendre la main.
- La regrettée princesse Diana enfreignait souvent les règles royales, dont celle qui lui interdisait de porter des robes ou des chandails échancrés. Grâce à ses nombreuses minaudières, elle a perfectionné l'art de sortir d'une voiture avec élégance en tenant son sac à main sur sa poitrine pour éviter de la dévoiler. En anglais, une minaudière est un *clutch bag*, ce qui renvoie à une pochette que l'on serre. Diana, elle, l'appelait *cleavage bag*, soit « sac à décolleté » !

7. Ne pas engager la conversation
Attendez toujours que l'on vous adresse la parole en premier avant d'engager une conversation, à l'exception bien sûr des formules de politesse.

8. S'adresser à la famille royale
Lorsque l'on s'adresse à la reine ou au roi, on commence par utiliser le titre *Your Majesty* (Sa Majesté). Si la conversation se prolonge, on poursuit avec *Ma'am* (Madame) ou *Sir* (Monsieur). Lorsqu'il est temps de prendre congé, on reprend la formule initiale : *Your Majesty*.

Pour les autres membres de la famille royale, on commence avec *Your Royal Highness* (Votre Altesse Royale), puis on utilise Madame et Monsieur par la suite, et ce, jusqu'à ce que l'on prenne congé.

9. Que faire avec son chapeau ?

Au début des années 1900, voir des femmes (de la royauté ou pas) sans chapeau était rare. Les chapeaux à la mode alors étaient appelés « bibis » ou « fascinateurs ». Ils s'accrochaient avec des pinces directement aux cheveux. Moins encombrants et moins chauds que les grands chapeaux qui couvraient l'entièreté de la tête, ils captaient l'attention par leur style unique. Le port du bibi lors d'événements formels est d'ailleurs devenu une règle respectée par les dames de la famille royale, afin de garantir une image à la fois distinguée et empreinte de tradition.

On dit qu'Élisabeth II portait des chapeaux lors de toutes les occasions officielles pour permettre à ses gardes du corps et aux agents de sécurité de la repérer facilement au sein d'une foule. Elle aurait arboré plus de 5000 chapeaux, tous plus originaux les uns que les autres. Leur style parfois extravagant révélait le côté excentrique et audacieux de cette reine.

En présence de la famille royale, un homme doit retirer son chapeau, conformément à la bienséance traditionnelle. (Pas de casquette à ma table, merci !)

Pour les femmes, la situation est différente : le chapeau est considéré comme un accessoire de mode. La plupart du temps, elles peuvent donc le conserver sur la tête. Cependant, à partir de 18 h, les femmes le retirent, car les soirées sont souvent plus somptueuses, laissant place à des robes de bal, à de magnifiques bijoux et à des diadèmes pour certaines.

10. Porter un diadème ou pas ?

Dès 18 h, la reine troque donc son chapeau contre sa couronne, tandis que les autres membres de la monarchie se parent de leur diadème. Seules les dames mariées des autres familles royales ont le privilège de porter un diadème. Historiquement, le diadème était un symbole de mariage. Ainsi, lors de banquets ou de bals, les jeunes filles sans diadème signalaient leur statut de célibataire et signifiaient alors qu'elles étaient libres d'être courtisées par les *gentlemen*.

En présence de la royauté, il est fortement déconseillé de porter un faux diadème, même s'il semble authentique et qu'il a une valeur monétaire considérable. Soyez-en avisée !

À la table royale

Poursuivons avec l'étiquette à la table royale. Vous me remercierez le jour où vous serez l'heureuse élue conviée à un banquet au palais de Buckingham !

1. **Quoi faire durant l'hymne britannique ?**
   L'hymne national britannique, *God Save the Queen* (ou *King*, tout dépendant qui occupe le trône), est chanté au début des événements officiels, tels les banquets d'État tenus au palais de Buckingham. Il marque un moment solennel.

   Pour les anciennes punks rockeuses comme moi, sachez qu'il ne s'agit pas de la version du groupe Sex Pistols ! (Quoique cela ajouterait un peu de piquant à un banquet !)

   Pendant l'hymne, il est de coutume de rester debout et d'observer un moment de silence. En revanche, même des politiciens d'expérience semblent parfois oublier cette règle, comme l'ex-président des États-Unis, Barack Obama, qui, un jour, a poursuivi son discours pendant l'hymne. La grande dame qu'était la reine a, une fois de plus, fait fi du protocole en remerciant le président. Car au fond, la courtoisie est l'essence même de l'étiquette !

2. **Quand s'asseoir ?**
   On s'assoit aussitôt que la reine ou le roi est assis. Cette règle est aussi souvent de mise en présence de personnes âgées ou ayant une position hiérarchique plus élevée.

3. Quand manger ?

Attendez toujours que la reine ou le roi commence à manger avant de le faire vous-même. Et bien sûr, que ce soit lors d'un repas formel ou de l'Afternoon Tea, on doit attendre que tout le monde soit servi avant de commencer à manger.

4. La conversation alternée

Généralement, lors des banquets d'État, les hommes et les femmes sont assis en alternance, sauf lors de quelques exceptions. Les couples évitent de s'asseoir ensemble – ils doivent pouvoir interagir avec les autres convives – bien qu'il y ait parfois des dérogations accordées aux nouveaux mariés.

L'invité d'honneur est toujours assis à la droite de la reine ou du roi, afin que celle-ci ou celui-ci puisse lui accorder toute son attention pendant le premier service.

Autour de la table, chaque femme engage la conversation avec l'invité assis à sa droite, ignorant délibérément celui à sa gauche, et ce, jusqu'au deuxième service où tous les convives se tournent alors vers la personne assise à leur gauche pour entamer une nouvelle discussion. Cette danse de têtes se poursuit de la sorte pour chaque service subséquent. Par ailleurs, les imposants centres de table, souvent somptueux, sont conçus de manière à empêcher les convives de s'adresser directement aux personnes situées de l'autre côté de la table.

Bien que ce protocole puisse sembler curieux, l'objectif est d'éviter que quelqu'un se retrouve isolé et de stimuler des conversations variées au cours du repas. Voilà un bel exemple de savoir-vivre et d'étiquette à l'anglaise ! Il n'y a rien de plus malaisant que de se retrouver sans personne avec qui parler lors d'un party de bureau ou d'un dîner de gala. Imaginez lors d'un banquet royal…

5. L'art de la conversation

Queen Mother (une expression utilisée en Angleterre pour désigner la reine mère) avait l'habitude de se promener dans les jardins royaux avec ses deux filles, Élisabeth II et sa sœur cadette Margaret. Devant chaque arbre, elle demandait à l'une des deux fillettes de commencer un « dialogue » avec le végétal en question, leur enseignant ainsi l'art de la conversation de manière ludique. Cette approche visait à apprendre à la future reine à engager des discussions intéressantes sur une variété de sujets et à faire preuve d'une écoute attentive et d'échanges respectueux et appropriés. Grâce à l'éducation de sa mère, la reine a développé un grand sens de la répartie et un humour courtois, étant toujours prête à dire quelque chose de pertinent tout en montrant de l'intérêt pour son interlocuteur.

Lors des banquets d'État ou de rencontres avec la monarchie, il est généralement recommandé d'éviter les sujets délicats tels que la politique et la religion. Au lieu de cela, il est préférable de discuter de sujets comme les centres d'intérêt communs, les projets philanthropiques, les réalisations personnelles, la culture, l'art, etc. Demeurer sur un terrain neutre et respectueux favorise une conversation agréable et harmonieuse.

6. Quand cesser de manger ?

La règle est de cesser de manger aussitôt que la reine décide que c'est terminé, et ce, pour chacun des services. À vrai dire, vous n'aurez pas le choix, car les membres du personnel, affectés chacun à un invité, retireront votre assiette, que vous ayez fini de manger ou pas. Mais heureusement pour les personnes qui ont un bon appétit, il y a plusieurs services !

On raconte d'ailleurs qu'Élisabeth II avait un petit appétit et qu'il était avisé de manger un peu avant le banquet. Espérons que Charles III est plus gourmand, offrant ainsi aux invités la possibilité de profiter pleinement de leur délicieux repas.

7. **Que faire à la fin du banquet?**
Lorsque la reine posait sa minaudière sur la table, c'était le signal pour le personnel de s'approcher, indiquant ainsi que le banquet touchait à sa fin. Environ cinq minutes plus tard, elle se levait, suivie de ses invités. Immédiatement, les chaises étaient retirées dans une belle et grande chorégraphie de mouvements bien orchestrés pour éviter que les convives trébuchent dessus.

Il est fascinant d'imaginer une centaine d'invités se synchronisant avec chacun des gestes de cette dame de pouvoir mesurant seulement 1,63 mètre. Un spectacle impressionnant, respectueux et harmonieux. Vive la reine!

J'aime savoir que la Reine Elizabeth II avait un côté drôle et humain... caché derrière sa couronne.

Mrs. Beeton's Book of Household Management
Isabella Beeton

12

L'étiquette autour de l'heure du thé

Remplissez la tasse du bonheur des autres et
le bonheur remplira ensuite la vôtre jusqu'à ras bord.

ROSE PASTOR STOKES

Cette citation, que j'ai librement traduite, illustre parfaitement la bienveillance des Anglais envers autrui.

Comme je l'ai expliqué, l'étiquette fait partie du savoir-vivre en société et constitue aussi une charmante façon de manifester du respect, de la courtoisie et de la considération envers autrui.

L'usage des expressions « s'il vous plaît », « merci » et « de rien » est enseigné très tôt dans l'enfance, bien que ces apprentissages semblent soudain disparaître en fumée pendant l'adolescence…

Lorsque mon fils (qui avait alors 12 ans) et moi avons commencé à partager l'Afternoon Tea pendant la pandémie de COVID-19, j'étais chaque fois étonnée de sa transformation : il devenait instantanément un jeune homme poli et courtois. J'ai pu observer le même phénomène chez ses amis qui étaient heureux de participer à l'heure du thé, se métamorphosant également en jeunes *gentlemen*. Alors, si vous souhaitez voir vos ados adopter de bonnes manières, invitez-les à partager l'heure du thé avec vous. Succès garanti (ou presque) !

Dans les chapitres qui suivent, je vous explique la bienséance à table et celle entourant tous les aspects de l'heure du thé. Prenez-les bien sûr avec un petit grain de thé. On peut organiser l'heure du thé à sa façon, mais il est intéressant d'en connaître les rouages.

D'ailleurs, maîtriser les conventions à table peut diminuer le stress relié à certains événements parfois intimidants ou anxiogènes (un dîner d'affaires dans un restaurant de luxe, un premier souper chez ses beaux-parents, etc.). Le fait de connaître l'étiquette sur le bout des doigts permet de se concentrer davantage sur sa présence et son écoute, des qualités toujours appréciées par les hôtes et les autres convives.

Alors, sortez vos carnets de notes et vos gants blancs, on se lance pour une heure du thé agréable, raffinée et savoureuse !

Un moment de réconfort

Au moment où j'écrivais ces lignes, mon fils a été hospitalisé plusieurs jours. Après de longues journées de fatigue, d'inquiétudes et d'ennui, j'ai eu l'idée d'organiser l'heure du thé dans la salle familiale de l'hôpital, afin d'apporter à mon fils un peu de digni-THÉ durant ce séjour (porter une jaquette bleue peut être humiliant pour un adolescent !) Ce moment a permis de briser la routine des traitements et d'apporter un peu de pétillements et de réconfort à ce séjour difficile. Comme quoi les bienfaits de l'heure du thé sont nombreux et parfois insoupçonnés...

13

L'art de servir le thé

Le thé est une méditation, une prière où tout est fait avec pleine conscience, de la préparation jusqu'à la façon de le verser et de le déguster.

OSHO

Les cérémonies du thé japonaises jouissent d'une popularité mondiale. Elles représentent l'art de préparer et de servir le thé avec révérence. Si le rituel de l'heure du thé britannique est un peu moins cérémonieux, il n'en demeure pas moins que les Britanniques la prennent très au sérieux. Autrefois, dans la haute société anglaise, les majordomes et les servantes se chargeaient de la préparation très protocolaire de l'heure du thé.

Sachez que les règles de bienséance expliquées ici sont typiquement anglaises et peuvent évidemment varier selon les régions.

Qui verse le thé ?

Dans la culture anglaise, être désigné pour servir le thé est considéré comme un grand honneur. Ce privilège est généralement réservé à l'hôte ou à l'hôtesse de la maison où se déroule l'heure du thé. Même la reine s'occupait de verser le thé à ses invités lorsqu'elle les recevait dans son salon privé, alors que le personnel se chargeait plutôt des mignardises et des autres éléments et accessoires entourant l'heure du thé.

À l'époque, la personne chargée de verser le thé était appelée *Mother* (Mère). Cette appellation découle d'une vieille superstition anglaise qui prétend que si deux femmes prennent le thé ensemble et que l'une d'entre elles souhaite enfanter, il suffit qu'elle verse le thé pour tomber enceinte au cours de la même année. Ce terme affectueux symbolise également la connexion intime entre la personne qui sert le thé et ses convives. Il ne s'agit pas seulement de verser le thé pour l'autre, mais d'un véritable acte de maternage. À l'instar d'une mère, la théière a pour mission de veiller à ce que la tasse de l'invité reste toujours pleine, tout comme la théière elle-même.

Eh oui, un homme est aussi la « Mère » s'il détient l'honneur de verser le thé. Ainsi, si vous vous trouvez un jour dans un salon de thé traditionnel anglais et que le personnel demande qui est la Mère, vous saurez que cette question ne fait référence ni à l'âge ni au genre. Il n'y a donc pas de raison de s'offusquer ! C'est simplement une manière polie de déterminer qui aura l'honneur de manipuler la théière.

Si l'heure du thé est organisée pour célébrer une invitée spéciale, comme une fêtée, une future maman lors de son *shower* de bébé ou une future mariée lors de son enterrement de vie de jeune fille, l'hôtesse peut proposer cet honneur à la personne concernée. Celle-ci a ensuite le choix d'accepter ou de décliner l'offre, tout en reconnaissant que cette proposition représente une délicate et gentille attention.

Comment verser le thé ?

Le service du thé par la Mère se fait de manière posée. On évite de mettre les tasses de toutes les convives côte à côte pour les remplir rapidement et successivement. On prend plutôt le temps de servir chaque invitée, une à la fois. Cette approche, semblable à celle de la cérémonie du thé japonaise, vise à insuffler une présence et une attention particulières à chaque geste.

Ainsi, la Mère prend l'ensemble (tasse et soucoupe) de chaque convive, un à la fois. Elle demande ensuite à la personne si elle préfère un thé léger ou fort, afin d'ajuster la quantité à verser.

- Si elle préfère un thé léger, la Mère remplit la tasse aux trois quarts, ce qui correspond environ au milieu de l'anse, laissant ainsi de l'espace pour l'ajout éventuel de lait ou même d'eau chaude afin d'alléger le thé.
- Si elle préfère un thé fort, la Mère peut verser plus de thé dans la tasse en prenant soin de ne pas trop la remplir non plus, pour éviter tout débordement lorsqu'elle la tendra à son invitée.

Anatomie d'une théière

Pour verser le thé :

- Tenez l'anse de la théière (évidemment !) d'une main.
- Déposez l'index et le majeur de l'autre main sur le fleuron pour éviter que le couvercle tombe et ébouillante votre convive. Une théière peut devenir lourde et très chaude une fois remplie d'eau frémissante.
- Maintenez une courte distance entre la théière et la tasse lorsque vous versez le thé.

Lorsque tout le monde a été servi, la Mère se sert elle-même et place la théière à sa droite avec le bec verseur pointant vers elle. J'aime penser que c'est pour mieux rester connectée à la porcelaine de la théière, qui est très importante dans ce rituel. Cependant, on peut aussi mettre l'anse de la théière vers soi pour simplifier davantage la manipulation et éviter des accidents.

Si vous vous trouvez dans un salon de thé, le personnel verse parfois la première tasse de thé à chaque convive. Par la suite, c'est à vous de décider, ensemble, qui sera la Mère attitrée. Vous pouvez choisir d'y aller à la bonne franquette. Chacun peut alors verser le thé comme il le souhaite, mais en prenant toujours soin d'en verser aux autres. L'amitié et la considération sont au cœur même de ce rituel.

Comment disposer et servir le lait, le sucre et le citron ?

Il existe deux façons de servir le lait, le sucre et le citron.

1. Vous pouvez vous occuper vous-même de l'ajout des ingrédients souhaités selon le goût et les indications de vos convives.
2. Vous pouvez vous assurer que tous les ingrédients sont à la portée des convives, afin que chacune puisse se charger elle-même d'incorporer ce qu'elle souhaite à son thé.

Les deux options sont appropriées. Personnellement, je préfère la seconde, car elle permet à chacune d'agrémenter son thé à sa guise.

En général, on prépare de fines tranches de citron que chacune peut ajouter directement dans sa tasse, à son goût. Prévoyez un petit plat à rebuts pour la pelure du citron. De même, on peut mettre sur la table des cubes de sucre ou encore du sucre granulé, à votre convenance, quoique les cubes sont souvent privilégiés, car cela cause moins de dégâts. Du sucre blanc ou brun, ou même du sucre de coco, qui est une meilleure option pour la santé : tout est possible selon vos goûts et votre mode de vie ! Des pinces pour attraper les cubes ou encore une petite cuillère pour le sucre granulé serviront à déposer le sucre dans les tasses. Certaines personnes préfèrent remplacer le sucre par du miel, que vous pouvez donc déposer dans un petit pot, à la disposition de vos convives.

Par ailleurs, avisez bien vos convives qui voudraient du sucre et du citron d'incorporer et de faire dissoudre le sucre avant de déposer le citron dans la tasse. Sinon, comme je l'ai expliqué précédemment, l'acide citrique du citron empêchera la dissolution du sucre. Autre rappel : ne jamais combiner le lait et le citron dans le thé, afin d'éviter que le lait caille.

L'art de boire le thé

Le thé restera à jamais le breuvage privilégié des gens d'esprit.

Thomas de Quincey

Voici maintenant le temps de boire le thé ! Cela a l'air bien simple, n'est-ce pas ? En réalité, on trouve plusieurs règles de bienséance entourant la préhension de la tasse et les gestes liés à la dégustation du thé. Mais avant de remonter le cours de l'histoire pour mieux comprendre ces règles, voici un peu d'anatomie…

Anatomie d'une tasse

Avec ou sans petit doigt ?

Avec ou sans petit doigt levé ? Là est la question ! Voilà assurément la règle la plus controversée. Mais bonne nouvelle ! C'est aujourd'hui que vous obtiendrez enfin une réponse, *ladies*. Avant de vous la dévoiler, voici un élément qui pourrait vous donner un petit indice…

Comme vous le savez, l'histoire du thé, originaire de la Chine, remonte à plus de 5000 ans. Les tasses, initialement en céramique, puis en porcelaine fine, étaient en fait de petits bols. C'est d'ailleurs encore souvent le cas aujourd'hui. Les Britanniques, eux, aimaient le thé plus chaud que les Asiatiques afin d'y dissoudre des cubes de sucre, et les tasses plus grosses, afin d'y ajouter un peu de lait. Or, à l'époque, les tasses-bols n'avaient toujours pas d'anse. La plupart des gens, en particulier les femmes qui buvaient plus de thé, se brûlaient souvent les doigts. En 1750, un architecte écossais du nom de Robert Adam suggéra donc l'ajout d'une anse pour préserver les doigts des dames. Cependant, seules les classes sociales bien nanties pouvaient se permettre ces nouvelles tasses modernes.

Avec l'apparition de l'anse, une nouvelle règle de bienséance émergea chez l'aristocratie, celle de rentrer le petit doigt en tenant son thé pour démontrer qu'on ne se brûlait plus les doigts sur les tasses… contrairement à la classe moyenne ou ouvrière qui utilisait encore le modèle sans anse…

Voici donc la fameuse réponse. La bonne manière de tenir une tasse de thé est de saisir le haut de l'anse en pinçant l'index et le pouce ensemble pour coincer celle-ci entre les deux doigts, tout en soutenant la base courbée ou en angle de l'anse avec le majeur, l'annulaire et l'auriculaire pour supporter le poids de la tasse et en améliorer la stabilité.

Il est normal de se sentir un peu maladroite les premières fois. Je me souviens même d'avoir eu des crampes aux doigts ! Comme pour toute chose, ça demande un peu d'entraînement…

Une autre astuce pour favoriser la stabilité consiste à utiliser l'index et le majeur de l'autre main pour soutenir la base de la tasse de thé. Même la royauté anglaise adopte parfois cette approche… elle qui est pourtant née avec une tasse de thé en porcelaine à la main.

Quoi faire avec la soucoupe ?

Lorsque vous êtes assise à une table dite « haute » (c'est-à-dire de hauteur standard), il n'est pas nécessaire de soulever la soucoupe avec la tasse à chaque gorgée de thé.

En revanche, si vous prenez le thé à une table basse (au salon ou au jardin, par exemple) ou debout lors d'une réception au salon, vous devez prendre la soucoupe avec la main gauche et la soulever jusqu'au niveau du diaphragme tandis que votre main droite prend la tasse par l'anse et la mène aux lèvres. Ce double mouvement offre notamment une protection en cas de renversement du thé. Les personnes gauchères peuvent faire l'inverse.

Lorsque vous passez une tasse à la Mère ou à la personne qui verse le thé, elle doit demeurer posée dans sa soucoupe. Ce mouvement se fait en tenant la soucoupe pour éviter de vous brûler les doigts sur la tasse chaude.

Et le regard ?

Contrairement à ce que l'on pourrait penser, la bienséance veut que, lorsqu'il est temps de prendre une gorgée de thé, le regard se tourne vers l'intérieur de la tasse, et ce, même s'il faut briser le contact visuel avec les convives. Il s'agit d'un signe d'appréciation du thé et de politesse envers l'hôtesse qui a pris le temps de préparer le thé.

Comment mélanger le sucre ?

Il est préférable d'utiliser des cubes de sucre durant l'heure du thé, car cela est plus propre et cause souvent moins de dégâts.

À l'époque, le sucre était dur comme de la pierre et vendu sous forme de gros pains ou de cônes pouvant mesurer jusqu'à 1,5 mètre ! Les cubes de sucre furent inventés en 1843 par Jacob Kristof Rad, originaire de Suisse, dont la femme se serait gravement blessé la main en essayant de casser du sucre avec un couperet et un marteau. (Inutile de rappeler que ce sont les femmes qui faisaient la cuisine à cette époque !)

Lors de l'heure du thé, la règle veut que l'on utilise des pinces à sucre et que l'on fasse glisser le cube sur le rebord de la tasse, au lieu de le laisser tomber au centre, ce qui causerait des éclaboussures.

On mélange ensuite le thé en remuant doucement la cuillère du haut de la tasse vers le bas, et de la position de 6 h vers celle de 12 h (si on imagine une horloge !), tout en évitant de toucher les parois de la tasse. Ce mouvement de va-et-vient est la meilleure façon de diluer le cube de sucre. En effet, brasser le thé avec la cuillère de manière circulaire, tel un tourbillon, demande plus de temps pour la dissolution du cube.

L'utilisation de la cuillère

Lorsqu'on a terminé d'utiliser la cuillère, il ne faut jamais la tapoter sur la tasse de thé pour l'égoutter. JA-MAIS ! Oh que j'espère ne pas assister à cette scène d'horreur dans mon salon de thé ! Je me liquéfierais sur place !

Soulevez plutôt la cuillère au-dessus de la tasse et tournez le cuilleron (la face creuse de la cuillère) légèrement vers l'intérieur de la tasse pour permettre à la dernière goutte de s'écouler. Cela évite l'accumulation de liquide dans la soucoupe et prévient les taches sur les nappes.

Selon une autre règle de bienséance, dès qu'un ustensile est utilisé, il ne doit plus toucher la table. Il en va de même pour la cuillère qui, dans ce cas-ci, sera placée sur la soucoupe, à l'arrière de la tasse, le manche en parallèle avec l'anse de la tasse.

Anatomie d'une cuillère

L'ajout du lait

Êtes-vous *tiffy* ou plutôt *miffy* ? Ces deux expressions anglaises bien sympathiques dans l'univers de l'heure du thé désignent les personnes qui préfèrent verser le thé **avant** ou **après** le lait.

- ***Tiffy*** : les personnes qui versent le thé (*tea*) en premier dans la tasse (puis le lait).
- ***Miffy*** : les personnes qui versent le lait (*milk*) en premier dans la tasse (puis le thé).

Vous souvenez-vous de Madame de Sévigné qui mentionnait sa surprise de voir Madame de La Sablière offrir du thé avec du lait à ses invités ? On raconte que cette dernière prenait grand soin de sa porcelaine, versant un peu de lait dans la tasse avant le thé pour mieux diffuser la chaleur et éviter ainsi les fissures.

Madame de La Sablière aurait popularisé l'ajout de lait dans le thé vers 1680, le servant ainsi à ses amis tels que Molière, Jean de La Fontaine, Jean Racine, Ninon de l'Enclos, Charles Perrault et d'autres grands esprits dans son célèbre salon parisien, La folie Rambouillet. Imaginez prendre le thé avec une telle assemblée de cerveaux créatifs et brillants !

Cette femme des plus instruites, parlant plusieurs langues et maîtrisant la physique, l'astronomie et les mathématiques, avait une influence majeure. À sa suite, plusieurs sont donc devenus des *miffy* ! Et cette coutume arriva en Angleterre avant même la découverte de la porcelaine fine.

La mode changea par la suite, puisque la haute société possédait désormais des tasses de porcelaine de qualité supérieure. Les classes inférieures, n'ayant pas les moyens de s'offrir ce luxe, continuaient d'utiliser des tasses en faïence et en argile.

La plupart des Anglais versent donc le thé avant le lait, mais dans le sud-ouest du pays, comme à Cornwall et à Devon, certaines personnes perpétuent la tradition de verser le lait avant le thé ; une petite particularité régionale. Cependant, la manière royale consiste à verser le thé avant le lait… comme Élisabeth II le faisait !

Et pour boire le thé ? Il est suggéré de prendre de petites gorgées en déposant entre chacune la tasse dans sa soucoupe. Si le thé est trop chaud, il est préférable de le laisser refroidir naturellement plutôt que de souffler dessus. Les tasses n'étant pas très grandes, il refroidira déjà bien assez rapidement.

À vos casseroles et fourneaux, il est maintenant temps d'accompagner le thé de délicieuses mignardises !

15

L'art de déguster les mignardises

L'esprit du thé est celui de la paix,
du confort et du raffinement.

Arthur Gray

Saviez-vous qu'utiliser le mot « manger » contrevenait aux règles de bienséance ? Eh oui, mesdames, selon la journaliste et autrice parisienne chevronnée de livres sur le savoir-vivre, Laurence Caracalla, l'étiquette à table préconise de ne jamais aborder les sujets liés à la digestion. Il est donc suggéré d'éviter l'usage du verbe « manger », qui sous-entend l'action de placer un aliment dans la bouche, de le mastiquer, de l'avaler et, finalement, de le digérer. Il serait préférable d'opter pour des termes tels que « se nourrir », « goûter », « déguster », « savourer », « se délecter » ou « se régaler ».

J'ai aussi été étonnée d'apprendre qu'il vaut mieux éviter de dire « bon appétit » avant un repas, car cela évoque le processus de digestion… un peu comme si l'on souhaitait aux convives « un bon déroulement gastrique », selon les termes de l'autrice. Bref, comme on dit, ce qui se passe dans l'estomac reste dans l'estomac ! Trouverez-vous une nouvelle formule pour souhaiter un bon repas à vos proches !

Les plateaux de service à trois niveaux

Une de mes plus grandes joies, dans mon salon de thé, est de voir la réaction des convives lorsque je dépose au centre de la table une magnifique assiette à trois étages en porcelaine, garnie de délicieuses mignardises qui ravissent à la fois les yeux et les papilles. Ce type de présentoir, qui se démarque particulièrement pendant l'heure du thé, devient une véritable star au milieu de la table !

L'origine de l'assiette à trois étages demeure inconnue, mais elle a fait son apparition au XIXe siècle, devenant une manière élégante, pratique et peu encombrante de présenter la variété de délices concoctés pour l'heure du thé.

En général, on sert un plateau à trois étages pour deux convives, avec des portions équivalentes afin que chacune ait le même nombre de mignardises. En cas de nombre impair d'invitées, l'une d'elles recevra un plateau étagé pour elle seule, mais avec la même quantité de nourriture individuelle.

La séquence de dégustation

Il importe de respecter une séquence spécifique pour déguster les bouchées salées et sucrées présentées sur les trois niveaux :

1. Commencez par l'étage du bas. Généralement, celui-ci contient des mets salés comme de petits sandwichs, des œufs mimosa et des quiches miniatures.
2. Passez ensuite à celui du milieu, où se trouvent souvent les scones*, soit une délicieuse fusion entre le pain et le gâteau qui offre une expérience gustative sucrée-salée.
3. Terminez avec l'étage du haut, là où sont réparties les douceurs et les petites pâtisseries.

* Bien que cela soit assez rare de nos jours, certains établissements disposent les scones sur le niveau supérieur sous une cloche pour les maintenir au chaud.

Cette séquence, qui débute par les mets salés tels que des sandwichs au concombre et autres amuse-gueules considérés comme plus légers, prépare ainsi le palais aux saveurs plus riches des scones et des desserts qui suivent. Il s'agit en outre d'une progression délibérée pour aller du salé vers le sucré, afin d'éviter une montée du taux de sucre dans le sang et des maux d'estomac.

Petite anecdote. Je suis un jour allée avec mon amoureux dans un grand hôtel de Montréal où, pour l'heure du thé, on servait sept douceurs sucrées et seulement deux bouchées salées. Après avoir dégusté trois des succulentes douceurs sucrées, j'étais rassasiée et je commençais à avoir un peu la nausée en raison d'une hausse de ma glycémie. Mon chéri, lui, une vraie bibitte à sucre, transpirait et a dû abandonner sa dégustation après cinq bouchées sucrées. Voilà qui illustre bien l'importance de la séquence décrite précédemment, même si, bien sûr, vous pouvez suivre vos goûts et vos envies.

On a souvent tendance à croire que l'on restera sur sa faim après un Afternoon Tea, pensant que ces mini riquiquis bouchées ne seront pas suffisamment copieuses et nourrissantes. Étonnamment, ce n'est pas le cas ; vous verrez, mesdames, que vous serez sans doute rassasiées.

Du thé entre les bouchées

Il est tout à fait approprié, voire recommandé, de prendre de petites gorgées de thé entre les bouchées afin d'intensifier les saveurs des aliments, de s'hydrater et de profiter de cette expérience pour tous les sens.

L'étiquette autour de l'assiette

L'heure du thé offre le cadre idéal pour mettre en pratique la courtoisie envers les autres… surtout lorsqu'il s'agit de partager autant de délices ! Ainsi, durant cette expérience, chaque personne s'assure de la satisfaction des autres, en veillant à ce que tout le monde ait suffisamment de petites bouchées à se mettre sous la dent.

Il est possible d'échanger des bouchées selon les préférences de chacune. Le troc de mignardises est en effet une pratique bien courante lors de l'heure du thé !

L'heure du thé est aussi un moment pour ralentir et, donc, pour savourer chaque bouchée lentement, dans un rythme harmonieux et respectueux.

Prendre de petites bouchées permet en outre de prolonger le plaisir et de participer pleinement à la conversation et aux confidences, qui sont au cœur de ce moment privilégié. Mais bien sûr, on ne parle pas la bouche pleine ! Bref, la clé réside dans la communication, la connexion et le partage équitable.

Et les doigts ? Sachez qu'il est tout à fait convenable de prendre les bouchées sur le plateau avec les doigts. Mais n'est-ce pas tout de même curieux qu'un rituel si raffiné nous amène à manger avec les doigts ? C'est justement pour cette raison qu'en anglais on appelle les mignardises *finger food* (nourriture qui se mange avec les doigts).

Et les gants ?

En pensant à la tenue idéale à revêtir lors de l'heure du thé, on imagine souvent spontanément l'élégance des magnifiques chapeaux et les fameux gants blancs qui rendent ce rituel si sophistiqué.

Les femmes de la haute société commencèrent à porter des gants blancs à l'époque victorienne, au XIXe siècle. En raison du coût élevé de production et d'entretien de cet accessoire, le port des gants témoignait du statut élevé de ces grandes dames. La blancheur des gants symbolisait par ailleurs la pureté et la richesse. Ces femmes de l'aristocratie ne se salissaient évidemment jamais les mains avec d'ingrates tâches ménagères !

Avec le temps, les gants sont devenus un symbole d'élégance et de raffinement, lié à des événements mondains, comme les bals, les réceptions… et l'heure du thé. Aujourd'hui, bien que moins fréquemment portés au quotidien, les gants blancs évoquent toujours la sophistication lors d'occasions formelles.

Alors, mesdames, osez enfiler vos gants pour un thé et, pourquoi pas, un chapeau pour couronner le tout ! L'heure du thé est faite pour être élégante et joyeusement excentrique !

Toutefois, l'étiquette veut que vous retiriez vos gants avant de boire le thé et de prendre les mignardises. La tasse en porcelaine pourrait vous glisser des doigts (une catastrophe !) en raison du tissu soyeux que vous pourriez aussi salir avec les bouchées.

Il est recommandé d'enlever simplement vos gants et de les poser sur vos genoux, sous la serviette de table (nous examinerons la position et l'utilisation de la serviette de table plus loin, au chapitre 15). Si vous êtes plutôt dans une réception et que vous restez debout autour de tables hautes, rangez vos gants dans vos poches ou dans votre sac à main. Personnellement, j'aime bien aussi les mettre dans les poches du veston de mon conjoint. Une fois le thé et les bouchées terminés, hop !, on remet les gants et on redevient Audrey Hepburn !

En revanche, le port du chapeau est autorisé pendant toute l'heure du thé, sauf si vous êtes l'hôtesse de l'événement, auquel cas il est inapproprié. Mais comme je le dis souvent : « Ma maison, mes règlements. » À vous de jouer avec les règles !

Les sandwichs

Avant d'aborder les règles quant à la dégustation des sandwichs, permettez-moi de partager avec vous l'origine ludique du mot « sandwich ». Celui-ci remonte au XVIIIe siècle et aurait vu le jour à Sandwich, une importante ville portuaire d'Angleterre. On raconte que c'est le comte John Montagu, grand amateur de jeux de cartes (pour ne pas dire un véritable *gambler*), qui aurait introduit ce populaire casse-croûte. Souhaitant éviter d'interrompre sa partie de cartes qui durait déjà depuis plusieurs heures, il aurait demandé qu'on lui prépare une collation rapide qui lui permettrait de manger tout en continuant de jouer. C'est à ce moment que le cuisinier aurait eu l'idée de lui servir du fromage et du bœuf salé, adoré de son patron, entre deux tranches de pain. De cette façon, le comte pouvait se nourrir d'une seule main, laissant l'autre libre pour manipuler les cartes sans les salir. Ce mets aurait donc été baptisé en l'honneur de ce comte de Sandwich.

Bon, je dois avouer que cette version plutôt romantique de l'origine du sandwich est sujette à plusieurs spéculations. Sir John Montagu était un diplomate et amiral de la flotte royale britannique. Il est donc fort plausible que, travaillant de longues heures, il se nourrissait rapidement sur le pouce. Quoi qu'il en soit, cet homme serait plus vraisemblablement derrière le terme « sandwich » qu'à l'origine de ce plat universel.

Les célèbres sandwichs pas de croûtes

Les délicieux petits sandwichs que l'on sert à l'heure du thé sont souvent sans croûtes, découpés en bouchées de formes variées (rectangles, triangles ou cercles) pour faciliter leur préhension avec les doigts et leur dégustation.

Retirer les croûtes permet d'éviter d'avoir un sandwich trop copieux et ainsi de couper la faim. Par ailleurs, cela donne une texture plus moelleuse et douce aux sandwichs. Vous avez évidemment toujours le choix de conserver la croûte si vous souhaitez réduire le gaspillage.

Bien qu'il soit tout à fait acceptable de se régaler de sandwichs avec les doigts (que ce soit des sandwichs aux œufs, aux concombres, au jambon ou au poulet), il est toujours plus élégant de les savourer avec une fourchette et un couteau, qui permet de les tailler en petites bouchées. Dans mon salon de thé, les couverts dorés, délicatement parés de couronnes au bout des manches, attendent avec impatience d'être utilisés en toutes circonstances.

Les scones

D'origine écossaise, le scone se situe à la croisée du pain et du gâteau. C'est pourquoi il occupe l'étage intermédiaire sur les plateaux à trois niveaux. Il sert en effet de transition entre les bouchées salées et les bouchées sucrées.

Les scones peuvent adopter diverses formes et tailles. À l'heure du thé, on les trouve souvent de forme ronde et plate et de saveurs variées : nature, bleuets, citron-pavot, cheddar, épinards, etc.

Traditionnellement, lors du Cream Tea de 11 h ou encore ou lors de l'Afternoon Tea, on accompagne les scones de *clotted cream*, une crème anglaise particulièrement épaisse, et de confiture.

Comment prononcer le mot « scone » ?

La prononciation du mot « scone » suscite un fort débat au Royaume-Uni. Il existe de fait deux variations régionales :

- On le prononce semblablement au mot « cône » (comme ceux, orange, qu'on trouve beaucoup à Montréal et qui pourraient expliquer cette prononciation davantage utilisée au Québec !).
- On le prononce comme le prénom anglais John ou encore le verbe *gone*.

Bien que les deux prononciations soient acceptées, la seconde est généralement plus répandue au Royaume-Uni.

Comment couper un scone en deux ?

Traditionnellement, on brise le scone en deux avec les mains au-dessus de son assiette, un peu comme on rompt le pain, pour évoquer le partage d'un repas et d'une expérience conviviale.

Cependant, vous pouvez également couper les scones à l'aide d'un couteau pour ensuite ajouter les savoureux condiments.

Comment ajouter les condiments ?

Les scones sont généralement accompagnés de crème fraîche, en particulier de *clotted cream*, ainsi que de confiture, dont les plus populaires sont celles à la fraise, à la framboise, aux prunes et au cassis.

La *clotted cream*, que l'on peut traduire par « crème caillée », est une crème anglaise dense et crémeuse, qui a la texture du beurre avec une teneur élevée en matières grasses, soit de 55 à 63 %. Elle est la garniture emblématique des scones lors de l'heure du thé au Royaume-Uni.

Une fois de plus, un débat persiste dans le sud-ouest de l'Angleterre, en particulier entre les comtés de Devon et de Cornwall, à propos de la manière d'appliquer la *clotted cream* et la confiture.

Deux options s'offrent à vous :

- la méthode à la Devon : on met d'abord la crème, puis la confiture ;
- la méthode à la Cornwall : on met la confiture en premier, suivie de la crème.

Les deux comtés ont leurs propres arguments qui ont du sens. Dans le Devon, on compare cette façon de faire aux rôties matinales (*toasts*). Il serait donc insensé de mettre la confiture avant le beurre. À Cornwall, on évoque plutôt la préparation d'une tarte ou d'un gâteau. Il serait absurde de mettre la crème fouettée au fond d'une pâte à tarte avec la confiture par-dessus.

Sa Majesté Élisabeth II prônait la manière de Cornwall, avec la confiture en premier. Pour ma part, je me range dans le clan opposé, avec la crème avant. Et beaucoup de crème… À vous de choisir la méthode qui vous convient le mieux.

Quoi qu'il en soit dans ce débat plein de saveur, l'étiquette reste de mise : on évite le double trempage, avec son couteau ou sa cuillère, dans les pots de crème et de confiture. Une scène d'horreur ! On utilise plutôt les cuillères de service qui se trouvent à côté des pots (ou dedans) pour transférer une certaine quantité de crème et de confiture sur la partie supérieure de son assiette. Puis, on remet les cuillères dans leur pot initial.

Ensuite, on étale les condiments à son goût (et dans l'ordre souhaité) sur chaque partie du scone coupée à l'aide de son couteau, en se rappelant qu'une fois un ustensile utilisé, il ne retourne plus sur la table, conformément à la coutume.

On évite aussi bien sûr d'empiler les deux parties de scone et d'en faire un sandwich ! Les deux moitiés sont dégustées individuellement, ce qui est avantageux, car cela permet de mettre davantage de *clotted cream* et de confiture. Miam !

Les desserts

Les desserts peuvent inclure une variété de gâteaux, de petits fours, de macarons, de tartelettes, de cupcakes, de sablés, etc., tous plus raffinés les uns que les autres. En moyenne, nous devons calculer quatre bouchées de desserts différentes par personne.

Vous pouvez déguster les desserts avec les doigts ou utiliser les ustensiles mis à votre disposition.

Et ne soyez pas surprise : les convives demandent parfois des boîtes pour emporter les mignardises n'ayant pas été mangées, celles-ci étant parfois bien copieuses.

La bienséance à table

Le thé ne peut pas être appris d'un livre, seulement du cœur.

Samuel Goldwyn

La bienséance touche à tous les aspects de l'heure du thé, y compris la table, ainsi que les assiettes, les ustensiles et les accessoires qui la composent. Prenez maintenant place confortablement pour découvrir ce monde d'élégance qui gravite autour de la table.

Ainsi, que vous soyez invitée à un repas élégant ou que vous alliez dans un salon de thé ou un grand hôtel, voire un château !, vous ne serez jamais prise au dépourvu grâce à ces règles de bienséance.

La serviette de table

J'ai toujours été fascinée par la façon dont nous pouvons communiquer avec le personnel d'un restaurant, par exemple, simplement en manipulant la serviette de table ! Voici ce que dit la serviette en tissu, sans même prononcer un mot…

La position initiale
La serviette de table est habituellement pliée et positionnée à gauche de l'assiette, ou sur l'assiette elle-même, voire parfois dans un verre.

L'utilisation de la serviette
Lorsque vous êtes assise à la table, prenez la serviette, dépliez-la en deux sur sa longueur et placez-la soigneusement sur vos genoux, la fente orientée vers vous, pour éviter toute tache sur votre pantalon ou votre robe pendant le repas.

Le téléphone portable peut être discrètement placé sous la serviette de table ; veillez à le mettre en mode silencieux, si vous n'avez pas d'autre endroit où le ranger.

Lorsque vous devez essuyer votre bouche, soulevez la serviette vers votre visage et tamponnez doucement vos lèvres avec l'intérieur du coin de la serviette. Puis, repliez le coin sur lui-même pour dissimuler les éventuelles taches de rouge à lèvres ou de nourriture.

Si vous devez quitter la table
Si vous devez vous retirer temporairement de la table, placez votre serviette pliée sur le dossier ou le siège de votre chaise, ce qui signale au personnel ou à l'hôtesse que vous reviendrez pour conclure le repas.

À la fin du repas
Déposez la serviette, légèrement froissée, sur la gauche pour indiquer qu'elle a été utilisée, ou au centre de l'assiette si l'espace sur la table est restreint. Évitez de la secouer pour ne pas disperser des miettes partout.

Ces règles peuvent varier selon les situations, mais l'essentiel est d'adopter un comportement respectueux et discret lors de l'utilisation de la serviette de table.

Et la serviette en papier ?
Les serviettes en papier sont habituellement utilisées dans des contextes plus décontractés. Mais qu'elles soient en papier ou en tissu, elles doivent être

placées sur les genoux pendant le repas et utilisées discrètement pour essuyer la bouche. Après le repas, une serviette en papier peut aussi être déposée à côté de l'assiette ou dessus, comme on le fait avec celle en tissu.

Les ustensiles

Saviez-vous que, jusqu'au XVIIIe siècle, certaines églises catholiques romaines étaient contre l'utilisation de la fourchette ? Cet ustensile était alors considéré comme un instrument du diable (la fameuse fourche), qui encourageait la gourmandise, un péché capital. Le clergé déclarait également que Dieu avait pourvu les humains de fourchettes naturelles, à savoir leurs doigts. Ainsi, se servir d'une fourchette pour se nourrir était considéré comme une insulte à Dieu. Voilà peut-être pourquoi j'ai cette « mauvaise » habitude de manger avec les doigts… Que voulez-vous, je suis sûrement une divine enfant !

Le couteau (comme arme polyvalente) et la louche (qui a donné naissance à la cuillère) sont les premiers ustensiles dans l'histoire de l'humanité. La fourchette, quant à elle, commença à se répandre beaucoup plus tard, autour de 1750.

Les ustensiles étaient une façon de démontrer sa richesse et son statut social. Ainsi, la royauté utilisait des ustensiles en or et les aristocrates, généralement des couverts en argent, tandis que les plus pauvres devaient se contenter de cuillères en bois et d'un couteau qui servait à diverses fonctions. On comprend mieux alors l'expression « être né avec une cuillère d'argent dans la bouche », qui signifie être né dans une famille très aisée.

Quant à l'étain, il se répandit dès le XIVe siècle, permettant aux cuillères en métal d'être plus accessibles aux classes sociales moins nanties.

Le couteau

Au Moyen Âge, en Europe, les hôtes ne fournissaient pas de couverts à leurs convives, faute d'espace pour stocker cette abondance d'ustensiles, surtout lorsqu'une cour invitée pouvait atteindre jusqu'à 50 ou même 100 personnes à la fois.

La plupart des convives transportaient leurs propres couverts. Les couteaux étaient trimballés dans des étuis attachés à la ceinture. Ces couteaux, avec leurs extrémités pointues, étaient utilisés comme des fourchettes; on plantait leur pointe dans la nourriture pour ensuite la porter à la bouche.

Mais les couteaux, même courants sur la table, continuaient d'avoir une double fonction d'armes potentiellement dangereuses. Par crainte d'assassinat, le roi Louis XIV de France interdit d'ailleurs tous les couteaux pointus, ordonnant d'arrondir les pointes telles que nous les connaissons aujourd'hui.

La fourchette

La fourchette apparut sous l'Empire byzantin et arriva jusqu'en Italie au XIe siècle en tant qu'ustensile de luxe réservé à la haute société et à la noblesse. Elle détenait alors deux et parfois trois dents.

À l'origine, son utilisation différait de celle d'aujourd'hui. Son usage ressemblait à celui du couteau, soit prélever les aliments du plat commun sur la table qui étaient ensuite consommés avec les doigts. Au fil du temps, l'importance de l'hygiène incita les gens à adopter une utilisation de la fourchette semblable à celle qu'on en fait aujourd'hui.

C'est Catherine de Médicis, grande figure royale originaire d'Italie, qui aurait rapporté une grande collection de fourchettes en France au XVIe siècle lors de son mariage avec le futur roi Henri II.

L'introduction de la fourchette en Grande-Bretagne est, elle, souvent attribuée à l'Anglais Thomas Coryate, un voyageur et auteur bien connu qui, après son retour d'un long périple en Italie, aurait décrit l'usage de cet ustensile dans l'un de ses récits.

Toutefois, il fallut un certain temps avant que la fourchette devienne courante dans les foyers. Au XVIIIe siècle, la fourchette évolua pour comporter désormais quatre dents, devenant ainsi un ustensile universel pour la prise et la consommation des aliments.

Deux façons d'utiliser les ustensiles

On trouve deux façons courantes d'utiliser les ustensiles de table : à l'américaine et à l'européenne. Au Canada, on a plus souvent recours à la méthode américaine, également appelée « zigzag », tandis que la méthode européenne (ou continentale) est plus répandue à l'échelle mondiale. Une rivalité sympathique existe d'ailleurs entre les Britanniques et les Américains et Canadiens à ce sujet. Voyons-y de plus près…

La méthode américaine

Jadis, en raison de la rareté des fourchettes importées ici, les Nord-Américains étaient contraints d'opter pour des cuillères au lieu de fourchettes. Les gens tenaient donc leur cuillère de la main gauche pour stabiliser la nourriture pendant qu'ils coupaient avec celle de droite. Puis, ils déposaient le couteau et prenaient la cuillère de la main droite pour se nourrir.

Mais pourquoi ce mouvement de zigzag d'une main à l'autre ? Historiquement, être gaucher était mal vu par l'Église et donc considéré comme impur. Bien que les normes sociales aient évolué, ces croyances eurent une influence significative sur l'étiquette alimentaire nord-américaine.

Ce n'est qu'à partir des années 1850 que l'utilisation courante des fourchettes se répandit aux États-Unis. Mais malgré l'introduction de ce nouvel ustensile, la technique zigzag perdura. Encore aujourd'hui, les dents de la fourchette demeurent orientées vers le haut lorsqu'on introduit de la nourriture dans la bouche. Une pratique perçue comme un peu barbare par les Anglais et qui donne l'impression parfois qu'on pellète sa nourriture au lieu de la savourer finement. (*Mea culpa*, je fus une de ses pelleteuses d'aliments !)

De fait, pour les Anglais, manger avec la fourchette les dents orientées vers le haut ou la déposer de cette façon dans son assiette peut être interprété comme une forme d'agressivité. Cette croyance remonte au Moyen Âge alors que les assassinats entre nobles étaient courants.

Si seulement on avait eu les ustensiles adéquats, ici, à l'époque, on aurait pu manger avec style comme le reste du monde, quoi ! Alors, ayons un peu plus d'indulgence à notre égard !

La méthode européenne

Une des règles d'or sur l'utilisation des ustensiles est que seules la fourchette et la cuillère accompagnent la nourriture jusqu'à la bouche.

Un autre mantra : c'est la nourriture qui doit atteindre la bouche, et non l'inverse. On évite donc, SVP !, de manger en penchant le visage au-dessus de l'assiette.

En ce qui concerne l'ordre des ustensiles à utiliser, on commence toujours par ceux qui sont les plus éloignés de l'assiette en progressant vers l'intérieur à chaque service.

Selon l'étiquette anglaise, la fourchette doit être tenue entre l'index et le pouce avec les dents dirigées vers le bas. Pour stabiliser davantage la prise, l'index s'appuie sur la courbe du dos la fourchette. Le manche, lui, repose dans le creux du pli de la paume de la main gauche.

Pour ce qui est du couteau, on enfouit le manche dans la paume de la main, avec l'index en appui sur le dessus du manche, et on prend soin de couper la nourriture à l'extérieur de la fourchette.

À la façon américaine, il peut arriver de découper plusieurs morceaux à la fois pour éviter de changer constamment de mains, bien que cela soit considéré comme une erreur en matière d'étiquette. Il est de fait recommandé de découper une bouchée à la fois afin de préserver la chaleur de la nourriture. Cela permet aussi de déguster plus lentement le repas.

Les pointes de la fourchette sont toujours orientées vers le bas lorsque vient le temps de mettre les aliments dans la bouche, contrairement à la méthode américaine.

Il est en outre coutume de garder les ustensiles dans les mains, les poignets déposés sur le bord de la table. On les dépose délicatement, les dents de la fourchette orientées vers le bas, sur la partie inférieure de son assiette, uniquement lorsque l'on veut boire, passer un accessoire à une personne de la tablée, s'essuyer la bouche ou sortir de table.

L'art de la communication avec les ustensiles

Il est fascinant de découvrir le langage des ustensiles qui permet, sans dire un mot, de communiquer avec les autres convives ou le personnel d'un restaurant, par exemple. Voici donc maintenant le code morse de la table !

- **Je prends une pause.** Disposez le couteau (le tranchant vers l'intérieur) et la fourchette (les dents vers l'assiette) en forme de V inversé dans l'assiette sans que les pointes des deux ustensiles se touchent.
- **Service suivant, SVP !** Croisez les ustensiles au centre de l'assiette (en signe de +) : le couteau est placé à l'horizontale avec le tranchant

vers le bas ; la fourchette, elle, est placée perpendiculairement par-dessus le couteau, avec les dents dirigées vers l'assiette.

- **J'ai apprécié le repas.** Placez horizontalement la fourchette et le couteau au centre de l'assiette (en signe de =) avec les pointes de chacun dirigées vers le côté droit. La fourchette (les dents vers l'assiette) est déposée au-dessus du couteau, dont le tranchant est orienté vers la fourchette.
- **Je n'ai pas aimé le repas.** Croisez le couteau et la fourchette (les dents vers l'assiette) en forme de V inversé, la pointe de la fourchette sur le tranchant du couteau (le tranchant vers l'intérieur).
- **J'ai terminé le repas.** Il existe ici trois options :

À l'européenne

1. Au centre de l'assiette, alignez parallèlement et verticalement la fourchette (les dents vers l'assiette) et le couteau (le tranchant vers l'intérieur) au centre de l'assiette.
2. Dans l'assiette, placez parallèlement et diagonalement la fourchette (les dents vers l'assiette) et le couteau (le tranchant vers l'intérieur), comme si l'assiette était une horloge et que les ustensiles indiquaient 14 h 40.

À l'américaine

3. Dans l'assiette, placez parallèlement et diagonalement la fourchette (les dents vers l'assiette) et le couteau (le tranchant vers l'intérieur), comme si l'assiette était une horloge et que les ustensiles indiquaient 10 h 20.

Organiser l'heure du thé chez soi

Le thé est autant une boisson conviviale et sociale que le café.

Arthur Gray

S'il est si agréable de vivre l'heure du thé dans un salon destiné à ce rituel ou encore un hôtel, il est aussi très plaisant – et pas coûteux ni compliqué – de l'organiser chez soi et d'y inviter des amies ou la famille. Comme je vous le mentionnais, vivre l'heure du thé en solo (*Me Time Tea Time*) est aussi une magnifique occasion de se déposer, de s'accorder un moment privilégié en dehors du rythme quotidien effréné. Tout est possible… et à tout âge ! L'heure du thé peut être organisée en grande pompe pour souligner un événement spécial, mais peut aussi devenir un rendez-vous hebdomadaire pour prendre du temps avec votre ou vos enfants, par exemple. Parions que lorsque vous goûterez au sentiment de bien-être, de force et de digni-THÉ qui accompagne souvent ce rituel, vous aurez envie de le reproduire souvent…

Voici donc comment planifier l'heure du thé chez vous. La clé ? Une bonne organisation pour profiter de ce « repas intermédiaire » en toute convivialité et simplicité.

L'heure du thé en solo

Je vous encourage à vous accorder d'abord un *tea time* en solo, dans un coin de votre maison propice au calme. C'est ainsi que j'ai commencé, et dès la première « séance », la magie de la porcelaine a opéré, m'apportant autant de bien-être que ma pratique quotidienne de yoga, de respiration et de méditation. Voici, en quelques étapes, comment profiter de ce moment en tête à tête avec vous-même :

- Vêtissez-vous comme si vous vous prépariez pour un rendez-vous important, car vous en avez bel et bien un : avec vous-même ! Portez des vêtements qui vous font sentir bien.
- Sortez une nappe et une serviette de table en tissu, ainsi que votre plus belle porcelaine et les couverts habituellement réservés aux grandes occasions. Accordez-vous autant d'importance que vous le feriez pour les autres.
- Préparez une jolie théière de votre thé (ou de votre tisane) préféré, en l'accompagnant de douceurs que vous pouvez vous procurer chez les marchands ou préparer vous-même : macarons, sandwichs aux concombres, biscuits, bref, tout ce qui vous fait plaisir ! C'est aussi une belle occasion de concocter les délicieuses recettes proposées à la fin de ce livre. Disposez ces bouchées dans une assiette élégante.

Vous pouvez profiter de cette pause dans le silence ou avec une douce musique. C'est votre moment ! Peu importe l'endroit où vous vous trouvez, assoyez-vous en adoptant une belle posture, droite, confortable, soignée. Placez la serviette de table sur vos genoux et dégustez les mignardises et le thé conformément à l'étiquette comme si vous n'étiez rien de moins qu'une… reine.

L'heure du thé pour quatre personnes

Partager l'heure du thé avec des personnes chères ou que vous avez envie de mieux connaître est une expérience charmante. Voici maintenant les étapes pour organiser une parfaite heure du thé réunissant quatre personnes.

L'invitation

1. Déterminez l'intention derrière cet événement heureux : un anniversaire, un enterrement de vie de jeune fille, une fête prénatale, des retrouvailles, une remise de diplôme, ou simplement pour célébrer l'amitié, la famille ou la vie, pourquoi pas ! Cette intention donnera le ton à l'événement. Vous pourriez même choisir une thématique comme *Bridgerton*, *Downton Abbey* ou *The Crown* !
2. Dressez une liste de trois personnes avec qui vous souhaitez partager ce moment.
3. Déterminez si l'événement se tiendra à l'intérieur ou à l'extérieur (un fabuleux *garden tea party*, par exemple) si vous avez un jardin ou une cour, mais prévoyez un plan B si les conditions météorologiques ne sont pas favorables ce jour-là.
4. Décidez si l'Afternoon Tea sera offert sur une table haute ou sur une table basse.
5. Communiquez avec les personnes choisies pour connaître leurs disponibilités, mais ne leur dites pas qu'elles seront conviées à l'heure du thé. Elles auront ainsi une belle surprise lorsqu'elles recevront l'invitation officielle.
6. Deux à trois semaines avant l'événement, envoyez un beau faire-part électronique ou papier en indiquant bien tous les détails :
   - le type d'événement ;
   - la nature de la célébration (et l'invitée d'honneur, s'il y a lieu) ;
   - la date de l'événement ;
   - l'heure (entre 11 h et 16 h) ;
   - la durée de l'événement (elle est généralement de 90 minutes dans les salons de thé) ;
   - l'adresse du lieu avec les informations sur le stationnement ou les transports en commun à proximité ;
   - le code vestimentaire suggéré (informel ou formel, avec chapeau, gants, etc.) afin que les convives ne craignent pas d'être trop flamboyantes. N'hésitez pas à leur expliquer que cet événement leur donne d'ailleurs l'occasion d'être extravagantes !

LADY porcelaine

Invitation
EXEMPLE DE FAIRE-PART

Ma chère amie,

Vous êtes chaleureusement invitée à partager une agréable heure du thé à l'anglaise, en l'honneur de notre amitié !

Date : Samedi 8 février 2025
Heure : 16 h à 18 h
Lieu : 4545, rue Saint-Denis, Montréal
(Stationnement limité, mais transports en commun à proximité)

Code vestimentaire suggéré
Tenue formelle avec chapeau et gants, amusons-nous à jouer les grandes dames !

Je me réjouis à l'idée de partager ce moment raffiné en votre compagnie.

Avec toute mon affection,

Lady Porcelaine

bitly

Les préparatifs

1. Créez une sélection de plats sucrés et salés en vous inspirant des recettes suggérées à la fin du livre, tout en prenant en considération les allergies et les intolérances alimentaires de vos convives.

   En général, les salons de thé proposent de sept à neuf mignardises par personne. Comme j'aime gâter mes invitées, dans mon salon, j'en propose une dizaine par personne. Vous pouvez ajuster le nombre selon vos préférences, mais prévoyez au moins deux bouchées salées, un scone et deux pâtisseries par convive.

   Les bouchées peuvent être achetées déjà préparées, mais si vous décidez de cuisiner les mets vous-même, je vous recommande d'essayer les recettes au moins une fois avant l'événement. Dans la mesure du possible, préparez les bouchées le jour même ou la veille afin de vous alléger la tâche le jour J.
2. Choisissez une sélection d'au moins deux thés de qualité (en général noirs et verts). Prévoyez aussi une ou deux variétés de tisanes en option.
3. Décidez si vous servirez le thé en sachet ou en vrac et, au besoin, procurez-vous des filtres ou des infuseurs à thé.
4. Assurez-vous d'avoir du lait (selon les préférences, les valeurs ou les conditions de santé de vos convives), du citron, du sucre (préférablement en cube) et du miel.
5. Sortez votre vaisselle en porcelaine, si vous en avez. Sinon, procurez-vous quatre tasses de porcelaine, assorties ou non, et une ou deux théières, offertes à des prix avantageux dans les brocantes ou les friperies. Vous pouvez aussi très bien utiliser les tasses à café que vous avez sous la main.
6. Si vous organisez un événement thématique, recherchez des décorations qui s'y rapportent pour créer l'ambiance désirée. Si possible, décorez le lieu la veille de l'événement, une fois de plus pour vous alléger la tâche avant l'arrivée des convives.
7. Faites le ménage la veille.
8. Sélectionnez attentivement une musique d'ambiance agréable. Et pourquoi ne pas créer une liste d'écoute pour éviter de devoir

constamment chercher de nouvelles pistes musicales ? En plus, vous pourrez la partager avec vos convives par la suite, en souvenir de ce beau moment. Personnellement, j'ai une préférence pour la musique qui revisite des classiques pop ou rock à la manière de *Bridgerton*, car cela stimule souvent la conversation. Sinon, le jazz est également un choix populaire dans beaucoup de salons de thé.

Liste des choses à sortir des armoires

Voici une liste des choses à prévoir et à rassembler pour l'organisation de l'heure du thé pour quatre personnes :

- 4 assiettes à dessert ;
- 4 tasses de thé et leurs soucoupes (surtout si vous prévoyez une table basse) ;
- 4 cuillères à thé ;
- 4 couteaux pour étaler la crème et la confiture sur les scones ;
- 4 fourchettes (au cas où) ;
- 4 verres à eau ;
- 4 verres à champagne ou à bulles (si vous optez pour un Royal Afternoon Tea) ;
- 4 serviettes de table en tissu (sinon en papier) ;
- 1 ou 2 théières ;
- 1 ou 2 filtres ou infuseurs à thé (si vous utilisez du thé en vrac) ;
- 1 ou 2 petits contenants pour déposer les filtres, les infuseurs ou les sachets de thé ;
- 1 pot à lait ;
- 1 sucrier rempli de cubes de sucre ou de sucre granulé ;
- 1 pince à sucre (si le sucre est en cube) ou 1 cuillère à thé (si le sucre est granulé) ;
- 1 petite assiette pour les tranches de citron ;
- 1 pichet d'eau ;
- 1 ou 2 pots pour la *clotted cream* ou la crème fraîche ;
- 1 ou 2 pots pour la confiture ;
- 2 petites cuillères pour ces condiments ;

- 2 plateaux à 3 étages ou 6 grandes assiettes pour disposer les mignardises* ;
- 1 nappe blanche (si désiré) pour ajouter une touche d'élégance et mettre en valeur la beauté de la porcelaine et des mignardises (ou alors aux teintes plus éclectiques).

* Vous pouvez aussi reproduire un plateau de service à deux ou trois étages. Pour ce faire, placez un verre épais ou un petit bol au centre d'une grosse assiette. Répétez avec une ou deux autres assiettes plus petites en vous assurant que votre architecture est stable et peut supporter le poids des bouchées.

Le jour J

Enfin le grand jour ! Mais par où commencer ? En premier lieu, PRENEZ SOIN DE VOUS. En tant qu'hôtesse, il est essentiel que vous soyez bien. Comme je le dis souvent avec un clin d'œil : « Si la madame est contente, tout le monde est content. »

Alors, faites jouer votre musique préférée, prenez le temps de sortir les vêtements et les accessoires que vous souhaitez porter, de vous coiffer et de vous maquiller (si désiré) à l'avance pour vous sentir bien et n'avoir qu'à faire de petites retouches avant l'arrivée des convives. On se prépare bien trop souvent de manière précipitée à la dernière minute. Évitez donc ce stress ! L'important est d'avoir du plaisir à préparer cet événement spécial, sinon vous n'aurez plus jamais envie de recommencer.

Vous êtes nerveuse ? Vous vous sentez submergée ? Invitez votre meilleure amie à venir vous aider ; l'ambiance sera déjà festive lorsque les autres convives se pointeront le bout du nez.

Petits conseils en vrac à faire infuser

1. Quand vous organisez un événement, calculez environ 25 % de plus de temps que nécessaire pour la préparation. Et doublez-le si vous êtes bien stressée, cela aura pour effet de vous apaiser (un peu, du moins).
2. Prenez une collation nourrissante avant l'arrivée des convives pour éviter une baisse d'énergie lorsqu'elles arriveront.

L'heure du thé avec des enfants

Une fête d'anniversaire pour enfants ayant pour thème et événement central l'heure du thé est non seulement originale, mais également magique ! Imaginez les a-do-ra-bles photos : des enfants portant des robes élégantes et des nœuds papillon, et jouant aux grandes personnes !

Mais anniversaire ou pas, partager l'heure du thé avec ses enfants est une occasion de vivre un moment de qualité ensemble, en toute complicité et convivialité. Pourquoi ne pas en faire un rendez-vous hebdomadaire, un prétexte pour les membres de la famille de raconter leur semaine ? Pourquoi ne pas organiser l'heure du thé une fois par mois avec chacun de ses enfants afin de passer un moment en tête-à-tête ? Bref, tout est possible. À vous de créer votre rituel !

L'heure du thé est aussi un moment idéal pour enseigner aux enfants quelques règles de bienséance à table, qu'ils prendront très au sérieux dans ce cadre à la fois ludique et sophistiqué.

Personnellement, même avec des enfants (qui aiment tellement qu'on les traite comme de grandes personnes), je sors ma véritable porcelaine. Elle aura sur les jeunes le même effet que sur les adultes, faisant se déployer une belle posture, mais aussi de la force et de la dignité.

Pour les plus jeunes, de 2 à 4 ans, par exemple, une heure du thé avec des peluches et des poupées, accompagnée d'adorables petits services à thé, est aussi charmante. À garder en tête lors des dimanches pluvieux où on ne sait plus à quoi jouer…

Pour les mignardises, je vous invite à adapter le menu selon les goûts des enfants. D'après mon expérience, les sandwichs au concombre, les scones, les macarons et presque tous les desserts font le bonheur des jeunes.

Mais quoi servir à boire pour remplacer le thé qui risquerait de les faire courir sur les murs ? Voici quelques suggestions :

- des tisanes à la camomille ou aux fruits, car elles ne contiennent ni caféine ni théine ;
- du chocolat chaud ou du lait chaud avec du miel ;
- des jus de fruits ;
- de l'eau aromatisée avec des tranches de citron, de lime, d'orange, ou des petits fruits ;
- des smoothies.

L'essentiel est de présenter ces boissons dans de jolis couverts et sur une table colorée et/ou élégante qui fera de cet événement un moment merveilleux !

L'heure du thé en plein été

Avec les chaleurs et les canicules de plus en plus fréquentes, l'idée de faire bouillir de l'eau et de boire un thé bien chaud perd parfois de son charme, surtout si vous aviez prévu un *garden tea party*. Hakuna Matata ! Les infusions froides sont là pour apporter une touche de fraîcheur à votre heure du thé et vous permettre de profiter de ce moment… même lorsque le thermomètre affiche 35 °C !

L'infusion dans l'eau chaude

Il existe plusieurs méthodes pour préparer du thé glacé. La plus courante consiste à infuser le thé dans de l'eau chaude, puis à le refroidir avant de le servir avec des glaçons. Des marchands de thé vendent même des mélanges aromatisés (avec des fruits ou des herbes fraîches) créés spécifiquement pour préparer du thé glacé. Cependant, attention de bien suivre les indications d'infusion afin d'éviter d'accentuer l'amertume du thé, ce qui entraînerait l'envie d'ajouter beaucoup de sucre pour en équilibrer le goût.

L'infusion à froid

Parce que l'infusion à froid n'implique pas d'eau chaude, cette méthode s'avère parfaite pendant les mois chauds d'été. Cette technique lente consiste à laisser les feuilles de thé macérer dans de l'eau fraîche ou à la température ambiante pendant plusieurs heures, selon la sorte de thé choisie.

Le thé infusé à froid contient moins de théine : le tanin (qui donne le côté amer au thé) se diffuse mal dans l'eau froide. Cela en fait donc une boisson au goût plus doux, idéale à consommer tout au long de la journée et convenant mieux aux enfants.

En revanche, une infusion à froid prend beaucoup plus de temps, alors prévoyez le coup ! Préparé selon cette méthode, le thé peut ensuite se conserver de 7 à 10 jours au réfrigérateur.

Notez que le sucre et le miel se dissolvent plus difficilement dans l'eau froide. Pour sucrer votre thé glacé, vous pouvez opter pour du sirop d'érable, un sirop simple ou des sirops aromatiques comme celui d'agave ou de menthe.

Et pourquoi ne pas remplacer les glaçons par des fruits congelés ? Coupez-les la veille et placez-les au congélateur. Ils apporteront de la couleur, de la fraîcheur et une touche sucrée à votre thé glacé !

Alors, sortez vos ombrelles et à la vôtre !

Quelques recettes d'infusions et de thés glacés

Ces recettes d'infusions et de thés glacés proviennent de Lise Lavoie, herboriste et propriétaire de Les Thés Fuji. Elles donnent chacune environ 1 litre (4 tasses) de boisson froide. Leur préparation est simple. Comptez le temps d'infusion et quelques heures ou toute une nuit (selon les indications pour chacune) pour ensuite faire refroidir la boisson.

Limonade citron, lavande et hibiscus

(sans théine)

Cette infusion glacée est non seulement délicieuse, mais également apaisante. Parfaite pour se rafraîchir lors des journées chaudes d'été ! Vous pouvez ajuster les ingrédients selon votre goût.

- 1 à 1,25 litre (4 à 5 tasses) d'eau
- 45 ml (3 c. à soupe) de fleurs de lavande, séchées ou fraîches
- 45 ml (3 c. à soupe) de fleurs d'hibiscus, séchées
- 1 citron, en tranches
- Glaçons
- Miel pour sucrer, au goût
- Tranches de citron et/ou branches de lavande pour décorer (facultatif)

1. Dans une casserole, faites chauffer l'eau jusqu'à ce qu'elle frémisse légèrement. Retirez la casserole du feu et ajoutez les fleurs de lavande et d'hibiscus. Laissez infuser de 15 à 20 minutes.
2. Ajoutez les tranches de citron et laissez macérer environ 10 minutes. Filtrez le tout.
3. Réfrigérez quelques heures ou toute une nuit pour faire refroidir complètement.
4. Servez l'infusion dans des verres remplis de glaçons. Ajoutez du miel pour sucrer légèrement, au goût. Décorez chaque verre d'une tranche de citron et/ou d'une petite branche de lavande, si désiré.

Thé vert à la menthe

Servi froid, ce grand classique offre une combinaison vivifiante des arômes du thé vert et de la menthe.

- 1 litre (4 tasses) d'eau
- 60 ml (¼ tasse) de thé vert Gunpowder en feuilles
- Une vingtaine de feuilles de menthe verte, fraîches
- Glaçons
- Tranches de citron et/ou feuilles de menthe fraîches pour décorer (facultatif)

1. Dans une casserole, faites chauffer l'eau à une température idéale de 75 °C (165 °F). Retirez la casserole du feu et ajoutez le thé vert Gunpowder. Laissez infuser de 3 à 4 minutes (le thé Gunpowder libère une saveur intense, un temps d'infusion plus court est donc suffisant). Filtrez le tout.
2. Ajoutez les feuilles de menthe et laissez infuser 10 minutes. Filtrez le tout.
3. Réfrigérez quelques heures ou toute une nuit pour faire refroidir complètement.
4. Servez le thé dans des verres remplis de glaçons. Décorez chaque verre d'une tranche de citron et/ou de feuilles de menthe, si désiré.

Le tropical

Voici une savoureuse boisson glacée mariant les saveurs du thé blanc, de la papaye, de la mangue, de l'ananas et de la lime.

- 1 litre (4 tasses) d'eau
- 60 ml (¼ tasse) de thé blanc en feuilles
- 125 ml (½ tasse) de papaye fraîche, en dés
- 125 ml (½ tasse) de mangue fraîche, en dés
- 125 ml (½ tasse) d'ananas frais, en dés
- Le jus de 2 limes
- Glaçons
- Tranches de lime pour décorer (facultatif)

1. Dans une casserole, faites chauffer l'eau à une température idéale de 75 °C (165 °F). Retirez la casserole du feu et ajoutez les feuilles de thé blanc. Laissez infuser de 3 à 4 minutes. Filtrez le tout.
2. Déposez les fruits en dés dans un pichet. Versez lentement l'infusion de thé blanc sur les fruits. Ajoutez le jus de lime et remuez doucement pour mélanger le tout.
3. Réfrigérez de 1 à 2 heures pour faire refroidir. Filtrez le tout.
4. Servez le thé tropical dans des verres remplis de glaçons. Décorez chaque verre d'une tranche de lime, si désiré.

Voyage aux îles

Ici, le thé noir se mêle à la douceur de la pomme, à l'acidité de l'orange et à la légère touche florale et acidulée de l'églantier et de l'hibiscus. Un voyage gustatif vers des destinations ensoleillées !

- 1 litre (4 tasses) d'eau
- 60 ml (¼ tasse) de thé noir Congou au litchi
- 125 ml (½ tasse) de pommes séchées
- 125 ml (½ tasse) de baies d'églantier séchées
- 125 ml (½ tasse) d'écorces d'orange séchées
- 60 ml (¼ tasse) de fleurs d'hibiscus séchées
- Glaçons
- Tranches d'orange et/ou baies d'églantier séchées pour décorer (facultatif)

1. Dans une casserole, faites chauffer l'eau à une température idéale de 75 °C (165 °F). Retirez la casserole du feu et ajoutez les feuilles de thé noir. Laissez infuser de 5 à 6 minutes. Filtrez le tout.
2. Ajoutez les fruits et les fleurs séchés et laissez infuser de 10 à 15 minutes. Filtrez le tout à travers une passoire fine ou un tamis.
3. Réfrigérez quelques heures ou toute une nuit pour faire refroidir complètement.
4. Servez le thé dans des verres remplis de glaçons. Décorez chaque verre d'une tranche d'orange et/ou de quelques baies d'églantier séchées, si désiré.

Poussière d'ange

(sans théine)

Une infusion rafraîchissante idéale pour égayer une journée d'été et faire sourire enfants… et adultes !

- 1 litre (4 tasses) d'eau fraîche
- 125 ml (½ tasse) de pommes séchées
- 125 ml (½ tasse) de fleurs d'hibiscus séchées
- 125 ml (½ tasse) de baies d'églantier séchées
- 125 ml (½ tasse) d'écorces d'orange séchées
- Quelques pétales de calendule séchés
- Glaçons
- Morceaux de fruits frais, tranches d'orange et/ou pommes séchées pour décorer (facultatif)

1. Dans une carafe ou un pichet, versez l'eau fraîche et ajoutez tous les fruits et les fleurs séchés.
2. Placez la carafe au réfrigérateur et laissez infuser au minimum 4 heures et idéalement toute une nuit.
3. Filtrez le tout à travers une passoire fine ou un tamis. Remuez l'infusion pour mélanger les saveurs.
4. Servez l'infusion dans des verres remplis de glaçons. Décorez chaque verre de quelques morceaux de fruits frais, de tranches d'orange et/ou de pommes séchées, si désiré.

L'art de dresser la table

La soif de thé n'est jamais loin de la soif de beauté.

Samuel Goldwyn

Nous en sommes maintenant à l'art de dresser la table pour l'heure du thé et aux quelques règles de bienséance (oui, oui, encore !) qui s'imposent pour ce faire.

Ce n'est pas tous les jours qu'on a l'occasion de prendre le thé avec des proches en savourant une sélection de scones, de petits sandwichs et d'autres douceurs à la manière des membres de la famille royale. Alors, autant le faire en grand !

Généralement, je prépare la table avant de commencer à m'activer dans la cuisine. J'adore ce moment qui se transforme en une chorégraphie ou une sorte de méditation en mouvement. Je fais jouer de la musique que j'aime (souvent classique), et je me laisse porter par la beauté de l'instant. Je sélectionne soigneusement des tasses qui me font penser à chaque convive ou qui m'inspirent sur le coup, et je prends plaisir à disposer avec attention chaque couvert et chaque accessoire, que je considère comme les outils d'un rituel.

La disposition de la table

La principale différence dans la disposition des couverts entre la table à l'anglaise et celle à la française est la façon de placer les fourchettes : les dents vers le haut (vers le plafond) chez les Anglais ; les dents vers le bas (vers la table) chez les Français.

Cela s'applique également aux cuillères : le côté bombé du cuilleron est tourné vers le bas (vers la table) chez les Anglais ; il est tourné vers le haut (vers le plafond) chez les Français.

Voici, pour ma part, ma façon préférée de dresser la table pour l'heure du thé. Cette disposition est assez fréquente pour le thé de l'après-midi et permet de gagner un peu d'espace sur la table. Elle diffère légèrement de celle des repas plus formels à plusieurs services. Bien sûr, vous pouvez agencer la table selon vos préférences et l'espace disponible. L'important est qu'elle soit à votre goût et que vous y ajoutiez votre touche personnelle.

Plan et étapes pour la disposition des couverts

- Placez l'assiette à dessert.
- Pliez joliment la serviette et placez-la sur l'assiette à dessert (plusieurs tutoriels sur l'art de plier les serviettes de table sont offerts sur Internet).
- Placez la fourchette verticalement (les dents vers le haut) sur la serviette de table du côté gauche et le couteau (le tranchant vers l'intérieur) à droite de la fourchette.
- Déposez la cuillère à thé perpendiculairement sur la table juste au-dessus de l'assiette, le cuilleron vers le bas et le manche pointant vers la droite. Sachez qu'il est aussi possible de placer la fourchette, le couteau et la cuillère comme on le fait habituellement pour les repas : la fourchette à gauche de l'assiette, le couteau à droite et la cuillère à l'extérieur du couteau.
- Placez la tasse de thé sur sa soucoupe au-dessus de l'assiette, légèrement à droite, l'anse pointant vers la droite (à 3 h si on imagine le cadran d'une horloge). Toutefois, si vous savez que votre invitée est gauchère, vous pouvez placer l'anse vers la gauche (à 9 h).
- Déposez le verre d'eau directement au-dessus de la tasse à thé. Si l'espace est retreint, placez le verre en haut de l'assiette, vers la gauche, à la même hauteur que la tasse.
- Ajoutez, si désiré, un petit bol à rebuts (pour le sachet de thé ou la tranche de citron qui a été infusée) en haut de l'assiette et légèrement à gauche.
- Déposez la théière à la droite de la Mère. Traditionnellement, le bec pointe vers la Mère ; personnellement, toutefois, je préfère orienter l'anse vers la Mère. (Que voulez-vous, j'ai aussi un petit côté pratico-pratique !)
- Vous pouvez déposer la théière sur un sous-plat ou un petit napperon rond pour éviter de brûler la nappe ou la table.
- Réunissez au centre de la table le sucrier, le pot de lait et le contenant de petites tranches de citron.
- Prévoyez un bel espace pour le plateau de service à étages ou les assiettes dans lesquelles se trouvent les mignardises. Ma petite

touche : je place souvent un bouquet de fleurs fraîches au centre de la table qui, une fois tout le monde assis, laissera sa place au plateau de service.

- Déposez les noms des convives sur des étiquettes juste au-dessus de leur assiette. Il est aussi très courant de laisser les invitées choisir leur place. L'hôtesse, quant à elle, s'assoit généralement près de la cuisine ou de l'entrée de la salle à manger, du salon ou du jardin pour faciliter ses allées et venues.

Aide-mémoire !

Pour se rappeler où vont la fourchette et le couteau des deux côtés de l'assiette

Fourchette – Gauche (**F-G**) *Couteau – Droite* (**C-D**)

Pour se rappeler où va le verre en haut de l'assiette

Sur chaque main, collez le bout de votre index et le bout de votre pouce : la main droite forme la lettre « d » = *drink* = droite

Avant que sonne l'heure du thé

Une fois la table soigneusement disposée, il vous reste à finaliser la préparation des mignardises et à déposer celles qui ne nécessitent ni réfrigération ni cuisson ou réchauffage sur le plateau de service, les assiettes ou les présentoirs à gâteaux.

Vous pouvez également préparer le thé en mettant la quantité de feuilles en vrac nécessaire dans la théière. Un petit rappel de la règle d'or : calculez une cuillère à thé de feuilles de thé par personne et ajoutez une cuillère à thé supplémentaire pour la théière. Évitez toutefois de dépasser quatre cuillères à thé de feuilles par théière, à moins que vos convives et vous préfériez un thé très fort.

Une fois les invitées arrivées et assises, avec des verres d'eau à leur portée, commencez à faire bouillir l'eau pour le thé et à réchauffer les mignardises au four, si nécessaire. Profitez de ce temps pour finaliser l'assemblage des plateaux.

Commencez par offrir le thé aux convives, puis attendez environ 10 minutes avant de placer les mignardises au centre de la table. Cela leur permettra de bien goûter au délicat parfum du thé avant de l'accompagner de petites gourmandises et de l'altérer avec d'autres saveurs. En général, les invitées doivent attendre que l'hôtesse commence à manger des mignardises avant de le faire elles aussi. C'est une façon respectueuse d'harmoniser le début de la dégustation.

19

L'art de recevoir et de converser

Peu importe où vous êtes dans le monde,
vous êtes chez vous quand le thé est servi.

Earlene Grey

Recevoir est un art que certaines personnes maîtrisent d'emblée, mais qui peut aussi, pour d'autres, se développer et se peaufiner. À l'heure du thé, la principale responsabilité de l'hôtesse est de réussir à créer une ambiance dans laquelle toutes les convives se sentiront à l'aise et ravies.

Voici de petites astuces pour créer cette atmosphère rassembleuse et conviviale :

- Veillez à accueillir chaleureusement chaque personne, même si une autre invitée a ouvert la porte pendant que vous étiez occupée.
- Prenez le manteau et le sac des convives à leur arrivée ou indiquez-leur où les déposer.
- Montrez l'emplacement de la salle de bain.
- Offrez un rafraîchissement dès l'arrivée des invitées, que ce soit de l'eau ou une autre boisson préparée pour l'occasion.

- Présentez les convives les unes aux autres en ayant soin de donner quelques informations sur chacune afin de stimuler les échanges.
- Servez de lien entre les convives et n'hésitez pas à amorcer des conversations pour créer une ambiance cordiale.
- Acceptez l'aide proposée par les invitées pour favoriser la collaboration et le partage.
- Assurez-vous que chaque convive a toujours tout ce dont elle a besoin pour être bien.

Un autre aspect essentiel est la conversation. Cela peut parfois être un défi d'assurer une discussion fluide, surtout lorsque les convives ne se connaissent pas toutes. Pourquoi ne pas préparer quelques questions amusantes et les glisser sous une soucoupe, dans le pot de sucre ou dans une serviette de table ? La personne qui découvrira une question pourra la lire à haute voix et lancer ainsi une conversation peut-être étonnante !

Voici quelques questions pour stimuler des discussions agréables et différentes de celles sur le temps qu'il fera :

- Que pourrais-je faire tous les jours de ma vie ?
- Si je pouvais choisir un superpouvoir, que serait-il et pourquoi ?
- Que ferais-je de différent si j'étais certaine de réussir ?
- Quelle est la première chose que je remarque chez les gens ?
- Quelle est ma destination de rêve et pourquoi ?

Par ailleurs, il est du devoir de l'hôtesse d'être attentive et inclusive, et de veiller à ce que chaque personne ait l'occasion de s'exprimer. L'art de recevoir implique d'être à l'écoute et de prendre aussi part aux conversations pour générer des moments mémorables et de qualité.

JANE EYRE
Sense and Sensibility
ANNE OF GREEN GABLES
HUCKLEBERRY FINN
Little Women
Northanger Abbey

20

Des idées d'activi-thés

— Je ne me sens pas vraiment comme Winnie aujourd'hui, dit Winnie l'ourson.
— Ne t'en fais pas. Je t'apporterai du thé et du miel jusqu'à ce que tu le sois, répondit Porcinet.

A. A. Milne

Diverses activités peuvent s'intégrer dans le rituel de l'heure du thé où l'on vise à s'accorder de l'importance et à reconnaître sa force et sa valeur. En voici quelques-unes que vous pouvez faire après avoir pris quelques délicieuses gorgées de thé.

Une lettre à soi ou à la convive célébrée

Grâce à cette activité que je vous promets très touchante, vous aurez l'occasion de vous glisser dans la peau de nulle autre que Lady Whistledown, l'écrivaine mystérieuse de la célèbre série *Bridgerton*.

Rien de compliqué ici ! Invitez chacune de vos convives à composer une lettre d'amour, adressée à elle-même, à l'aide d'un stylo à bille au look chic ou extravagant, avec une plume d'autruche ou autre ! Une fois la lettre rédigée, l'« écrivaine » la place dans une enveloppe, y inscrit son adresse et la scelle ensuite à la cire, qu'elle orne d'un sceau. Vous pouvez vous procurer des sceaux et des bâtons de cire facilement en ligne. Puis, récupérez les lettres et, et au cours des semaines ou des mois qui suivent, envoyez-les individuellement par la poste à leur destinataire. Vos convives seront sans doute touchées de relire ces mots (qu'elles auront peut-être même oubliés) et de se rappeler ce moment précieux vécu à l'heure du thé.

Cette activité est particulièrement émouvante lors d'événements tels que les enterrements de vie de jeune fille et les fêtes prénatales. Les convives peuvent alors, dans ces cas, écrire une lettre à la personne célébrée qui, quelque temps après, recevra ces mots d'amour de manière inattendue.

Matériel requis

- Du papier à lettres et des enveloppes (selon le nombre de convives que vous invitez).
- Un stylo à bille stylisé.
- Un kit de sceau à cire (que vous pourrez réutiliser pour d'autres événements).
- Un briquet.
- Des timbres (selon le nombre de convives que vous invitez).

Il est temps de proclamer son amour-propre ou de belles pensées pour l'invitée d'honneur, *ladies* !

La tasséomancie

La tasséomancie fait référence à la lecture divinatoire des motifs laissés par les feuilles de thé au fond d'une tasse. Cette pratique ancestrale peut s'avérer être une amusante activité à faire dans le cadre de l'heure du thé. Après tout, même les plus sceptiques sont souvent curieuses de savoir ce que l'avenir leur réserve…

Voici comment, vous et vos convives, vous faire diseuses de bonne aventure et pratiquer de manière ludique la tasséomancie à la maison.

- Déposez une cuillère à thé de feuilles de thé en vrac ou de poudre de thé provenant d'un sachet dans une tasse.
- Versez environ un quart de tasse d'eau frémissante sur le thé.
- Laissez infuser environ deux minutes.
- Assurez-vous que la boisson n'est pas trop chaude pour être bue.
- Buvez tout le thé en pinçant les lèvres pour éviter que les feuilles entrent dans la bouche.
- Prenez la tasse et retournez-la dans une assiette à dessert.
- Placez vos deux mains sur la tasse retournée tout en formulant une question ou en émettant une intention dans votre tête.
- Faites tourner la tasse dans l'assiette trois fois dans le sens des aiguilles d'une montre.
- Tapez trois fois le fond de la tasse pour décoller davantage le thé des parois.
- Retournez la tasse pour la remettre à l'endroit et examinez les motifs laissés par les résidus de feuilles ou de poudre de thé à l'intérieur de la tasse.
- À tour de rôle, avec vos convives, interprétez ces motifs et partagez ce que vous observez dans la tasse de l'autre, en exprimant les pensées qui vous viennent à l'esprit et les sentiments que vous ressentez.
- Répétez le processus, mais cette fois avec les motifs laissés au fond de l'assiette à dessert.
- Faites confiance à votre intuition (et à la tasséomancienne en vous !) ; si nécessaire, toutefois, consultez un dictionnaire des symboles en

ligne pour interpréter la signification de ces formes et de ces dessins laissés par le thé.

Matériel requis

- Une tasse à thé sans motif à l'intérieur, de préférence, pour une meilleure visibilité des motifs et des symboles laissés par les feuilles de thé.
- Du thé en vrac ou le contenu de sachets de thé. Personnellement, je suggère de faire cette activité avec du rooibos, dont la texture fine est idéale pour la tasséomancie.
- Une assiette à dessert unie, aussi pour faciliter l'observation des motifs et des symboles.
- Une serviette de table pour tamponner les lèvres, car les feuilles de thé ont tendance à y adhérer.
- De l'eau frémissante.

Que vous réserve l'avenir ? Seul le thé vous le dira !

Des activités pour les enfants

Voici maintenant quelques idées de jeux amusants pour agrémenter l'heure du thé avec les enfants.

Le lancer des poches de thé

- Utilisez des assiettes en carton colorées ou blanches.
- Inscrivez des numéros à l'intérieur des assiettes qui serviront de cibles (5, 10, 20, 30, 40, 50 points).
- Disposez les assiettes aléatoirement au sol.
- Donnez trois poches de thé non infusées à chaque enfant.
- Invitez les enfants à lancer les poches de thé dans les assiettes pour marquer le plus de points possible.

La décoration de la théière

- Tracez une théière sur une feuille de papier blanc et faites des photocopies ou imprimez (en quelques copies) le tracé d'une théière (trouvé sur Internet).
- Découpez les théières.
- Distribuez les découpages aux enfants.
- Laissez-les décorer leur théière en papier avec des crayons, de la peinture, des autocollants et/ou des paillettes.
- Organisez une exposition des théières… maintenant devenues des chefs-d'œuvre.

La tour de tasses

- Fournissez au moins 10 tasses ou verres en plastique à chaque enfant.
- Invitez-les à tourner les tasses ou les verres à l'envers et à les empiler le plus haut possible sans les faire tomber.

L'heure du thé costumé

- Rassemblez des chapeaux, des gants et d'autres accessoires de déguisement que vous trouverez dans vos garde-robes ou à bas prix dans des bazars.
- Mettez vos trouvailles à la disposition des enfants.
- Invitez-les à se déguiser de manière inattendue pour l'heure du thé.

Surtout, assurez-vous de prendre plein de photos (et de les partager !) !

Bon par-THÉ, les zamies !

Les recettes de mignardises

Sandwichs au concombre pas de croûtes

Par *Lady Porcelaine*

Donne : 6 sandwichs à couper en morceaux

Préparation : 10 min

- 2 concombres anglais, lavés et coupés en tranches fines
- 12 tranches de pain blanc ou brun (ou 6 tranches de chaque couleur)
- Beurre
- Fromage à la crème ramolli
- Sel ou sel aux herbes
- Poivre noir fraîchement moulu
- 16 g (⅓ tasse) d'aneth frais, finement haché
- Fleurs comestibles (facultatif)

1. Essorez délicatement les tranches de concombre à l'aide d'un linge à vaisselle ou de papier absorbant. Réservez.
2. Tartinez généreusement de beurre 6 tranches de pain pour les protéger de l'humidité du concombre.
3. Étendez une fine couche de fromage à la crème sur les 6 autres tranches de pain.
4. Répartissez les tranches de concombre sur les tranches de pain au fromage à la crème en les superposant. Salez et poivrez. Ajoutez une pincée d'aneth frais sur les concombres en l'étalant le plus uniformément possible.
5. Refermez les sandwichs avec les tranches de pain beurrées.
6. À l'aide d'un couteau à pain, retirez les croûtes. Coupez les sandwichs selon la forme désirée (rectangle ou triangle). Garnissez chaque morceau de sandwich de brins d'aneth ou de fleurs comestibles, si désiré.
7. Servez les sandwichs immédiatement pour plus de fraîcheur ou couvrez-les d'une pellicule plastique pour éviter qu'ils se dessèchent.

Sandwichs à la confiture royale (*pennies*)

Par *Lady Porcelaine*

Donne : 9 à 12 bouchées de sandwich

Préparation : 10 min

- 6 tranches de pain blanc ou brun (ou 3 tranches de chaque couleur)
- Beurre
- Confiture, au choix

1. Tartinez généreusement de beurre 3 tranches de pain.
2. Tartinez généreusement de confiture, au choix, les 3 autres tranches de pain.
3. Déposez les tranches de pain beurrées sur celles tartinées de confiture pour assembler les sandwichs.
4. À l'aide d'un emporte-pièce rond d'environ 2,5 cm (1 po) de diamètre, découpez dans chacun des sandwichs de 3 à 4 bouchées.
5. Servez les bouchées immédiatement pour plus de fraîcheur ou couvrez-les d'une pellicule plastique pour éviter qu'elles se dessèchent.

Ces sandwichs étaient l'une des douceurs favorites de la reine Élisabeth II. Elle en mangeait chaque jour depuis sa plus tendre enfance. On les appelle *pennies* en raison de leur forme ronde, qui évoque une pièce de monnaie anglaise.

Œufs mimosa à la betterave

Par Anne-Marie Grondin, L'Aromate intuitive et coach culinaire

Donne : 12 demi-œufs

Préparation : 10 min · Repos : 1 nuit

Cuisson : 12 min

- 6 œufs
- Environ 500 ml (2 tasses) de jus de betterave*
- 60 g (¼ tasse) de mayonnaise*
- Sel et poivre

Garnitures, au choix

- Petits oignons blancs au vinaigre, émincés
- Câpres
- Cornichons, émincés
- Cari en poudre
- Tomates séchées, hachées
- Œufs de saumon
- Anchois marinés, en petits dés
- Radis roses, émincés
- Pousses de ciboulette ou de fines herbes fraîches, au goût

1. Déposez les œufs dans un chaudron et recouvrez d'eau froide. À feu élevé, portez à ébullition.
2. Une fois que l'eau bout, retirez du feu et laissez reposer pendant environ 12 minutes. Égouttez et rincez les œufs cuits durs à l'eau froide et retirez délicatement la coquille.
3. Déposez-les dans un grand bol et recouvrez-les du jus de betterave. Laissez reposer toute une nuit au réfrigérateur.
4. Le lendemain, égouttez les œufs et coupez-les en deux. À l'aide d'une cuillère, retirez les jaunes d'œufs et déposez-les dans un bol.
5. À l'aide d'une fourchette, réduisez les jaunes en purée en incorporant la mayonnaise. Salez et poivrez.
6. À l'aide d'une poche à douille**, garnissez chaque moitié d'œuf du mélange. Décorez de vos garnitures préférées.

* Autre version possible

Vous pouvez remplacer le jus de betteraves par 60 g (⅓ tasse) de betteraves cuites, en dés, et la mayonnaise par 50 g (⅓ tasse) de fromage à la crème. Faites alors cuire les œufs comme aux étapes 1 et 2. Coupez-les en deux et retirez les jaunes. Au mélangeur, réduisez les jaunes d'œufs et les betteraves en purée. Ajoutez le fromage à la crème, le sel et le poivre. Mixez à nouveau puis garnissez les demi-œufs de cette préparation.

** Pour confectionner votre propre poche à douille

Prenez un sac en plastique de type Ziploc à fermeture étanche. Transvidez le mélange dans le sac et fermez-le bien. Coupez un coin du sac et pressez afin de garnir les moitiés d'œufs.

Salade de poulet *coronation* (au cari et à la mangue)

Par Anne-Marie Grondin, L'Aromate intuitive et coach culinaire

Donne : 4 à 6 portions ou 16 à 24 bouchées de sandwich*

Préparation : 20 min · Cuisson : 45 à 60 min

Repos : 30 min

Pour le poulet

- 1,6 à 1,8 kg (3 ½ à 4 lb) de morceaux de poulet de grain bio avec les os
- 15 g (1 c. à soupe) de sel de mer
- 2,5 g (1 c. à thé) de poivre noir en grains
- 1 oignon bio, coupé en quartiers
- 1 gousse d'ail bio, coupée en deux
- 1 feuille de laurier
- 1 bâton de cannelle

Pour la salade

- 120 g (½ tasse) de mayonnaise
- 100 g (½ tasse) de yogourt grec nature, de crème sure ou de crème fraîche
- 45 ml (3 c. à soupe) de chutney de mangue
- 15 ml (1 c. à soupe) de pâte ou de poudre de cari
- 70 g (⅓ tasse) d'abricots secs, en dés (ou de raisins secs dorés)
- 45 ml (3 c. à soupe) de jus de citron ou de lime
- 45 g (½ tasse) d'amandes grillées, effilées
- 10 g (¼ tasse) de coriandre, hachée
- Sel et poivre, au goût
- Sauce Tabasco (facultatif)
- Laitue Boston (facultatif)

Préparation du poulet

1. Dans une grande casserole, déposez tous les ingrédients pour le poulet et couvrez d'eau.
2. À feu moyen-vif, laissez mijoter de 45 à 60 minutes ou jusqu'à ce que le poulet soit bien cuit.
3. Laissez refroidir dans le bouillon.
4. Transférez le poulet refroidi sur une planche à découper, en réservant le délicieux bouillon pour d'autres recettes. Retirez la peau et coupez la viande en dés.

Préparation de la salade

1. Dans un grand bol, mélangez la mayonnaise, le yogourt, le chutney, le cari, les abricots secs et le jus de citron ou de lime.
2. Incorporez le poulet, les amandes grillées et la coriandre. Salez et poivrez. Au besoin, rectifiez l'assaisonnement et ajoutez un peu de sauce Tabasco, si désiré.
3. Laissez reposer 30 minutes au réfrigérateur. Servez la salade de poulet sur un lit de laitue Boston, si désiré. Se conserve jusqu'à 3 jours au réfrigérateur.

* Autre présentation possible

Vous pouvez aussi servir cette salade de poulet dans des sandwichs sur pain de mie, coupés en triangle et sans croûtes. Pour cela, vous aurez besoin de 8 à 12 tranches de pain de mie.

Scones nature

Par *Pâtisserie Mlles Gâteaux*

Donne : 12 scones

Préparation : 20 min

Cuisson : 20 min

- 385 g (1 ½ tasse) de farine tout usage
- 2 c. à thé de poudre à pâte
- ¼ c. à thé de bicarbonate de soude
- 65 g (¼ tasse) de sucre granulé
- 195 g (¾ tasse + 1 c. à soupe) de beurre non salé, froid et taillé en cubes
- 250 ml (1 tasse) de crème 35 %
- Farine pour la surface de travail
- Crème 35 % et sucre granulé pour la cuisson

1. Préchauffez le four à 180 °C (350 °F). Chemisez une plaque de cuisson de papier parchemin.
2. Dans un robot culinaire muni d'une feuille, mélangez la farine, la poudre à pâte, le bicarbonate de soude et le sucre. Ajoutez les cubes de beurre froid et mélangez à basse vitesse jusqu'à ce que la texture devienne semblable à du sable, assurant ainsi l'incorporation uniforme du beurre*.
3. Versez la crème 35 % et mélangez à basse vitesse jusqu'à ce que la pâte soit homogène. Attention de ne pas trop mélanger non plus pour éviter d'avoir des scones trop durs.
4. Saupoudrez légèrement une surface de travail de farine. À l'aide d'un rouleau à pâtisserie, abaissez la pâte à une épaisseur d'environ 3 cm (1 ⅕ po).
5. Utilisez un emporte-pièce ou un couteau pour découper une douzaine de scones de forme triangulaire.
6. Placez les scones sur la plaque. Badigeonnez le dessus avec un peu de crème 35 % et saupoudrez d'un peu de sucre granulé. Faites cuire au four environ 30 minutes ou jusqu'à ce que les scones soient dorés.

* Si vous n'avez pas de robot muni d'une feuille, avec vos mains, sablez les ingrédients ensemble dans un grand bol jusqu'à l'obtention d'une pâte homogène, comme si vous frottiez les ingrédients secs au beurre. Attention de ne pas faire fondre le beurre avec la chaleur des mains. Ajoutez ensuite la crème (étape 3) et manipulez la pâte dans le bol ou sur plan de travail propre, jusqu'à l'obtention d'une pâte homogène. Attention de ne pas trop mélanger la pâte non plus. Poursuivez avec l'étape 4.

** Il est possible de parfumer les scones. Pour un scone au citron, au pavot et aux canneberges, ajoutez à la pâte le zeste de 1 citron bio, 15 ml (1 c. à soupe) de graines de pavot et 55 g (⅓ tasse) de canneberges séchées.

Laissez libre cours à votre créativité ! Voici d'autres idées de saveurs pour vos scones :

- Choco-orange (zestes d'orange et brisures de chocolat).
- Bleuets séchés.
- Raisins de Corinthe.
- Poire et vanille (poire en petits dés et essence de vanille naturelle ou graines de ½ gousse de vanille).

Voir la photo à la page suivante

Clotted cream

Par *Lady Porcelaine*

Donne : environ 1 tasse

Préparation : 10 min

Repos : 24 h

- 500 ml (2 tasses) de crème non pasteurisée 35 % ou plus
- 1 plat allant au four

Du temps !

1. Préchauffez le four à 160 °C (325 °F).
2. Versez la crème dans le plat allant au four pour former une couche de 2 à 7 cm (¾ à 2 ¾ po) d'épaisseur, selon la taille du plat.
3. Éteignez le four.
4. Placez-y le plat et laissez-le 12 heures sans jamais ouvrir le four.
5. Retirez le plat du four et laissez refroidir. Couvrez et réfrigérez 12 heures.
6. À l'aide d'une cuillère ou d'une écumoire, séparez le liquide* de la croûte épaisse de crème qui s'est formée à la surface (voilà la célèbre *clotted cream* !). La *clotted cream* se conserve dans un récipient hermétique au réfrigérateur de 3 à 5 jours.

Préparer la *clotted cream* nécessite deux ingrédients clés : de la crème et de la patience. En effet, malgré sa simplicité apparente, la *clotted cream* demande au total un temps de repos de 24 heures ! Cette période permet d'éliminer l'humidité de la crème, ce qui lui confère sa délicate texture rappelant celle du beurre, mais agrémentée d'une saveur légèrement caramélisée et laiteuse. La *clotted cream* peut accompagner non seulement les scones, mais également divers autres desserts et pâtisseries.

* Certaines personnes utilisent le liquide sous la croûte de crème pour cuisiner des scones, ce qui confère au dessert une saveur onctueuse.

Voir la photo à la page précédente

Sablés véganes au citron

Par *Pâtisserie Mlles Gâteaux*

Donne : 24 sablés

Préparation : 20 min · Réfrigération : 30 min

Cuisson : 15 min

- 525 g (2 tasses) de farine tout usage
- 1 ½ c. à thé de poudre à pâte
- 250 g (1 tasse) de margarine végétale
- 165 g (⅔ tasse + 1 c. à soupe) de sucre granulé
- 5 ml (1 c. à thé) d'essence de vanille naturelle
- Le zeste de 1 citron bio
- Farine pour la surface de travail

1. Préchauffez le four à 180 °C (350 °F). Chemisez une plaque de cuisson de papier parchemin.
2. Pesez ou mesurez tous les ingrédients et déposez-les dans un robot culinaire muni d'une feuille*. Mixez à basse vitesse jusqu'à l'obtention d'une pâte homogène.
3. Emballez la pâte dans une pellicule plastique et réfrigérez au moins 30 minutes.
4. Saupoudrez légèrement une surface de travail de farine. À l'aide d'un rouleau à pâtisserie, abaissez la pâte à une épaisseur d'environ 0,5 cm (¼ pouce).
5. Avec un emporte-pièce de votre choix, découpez la pâte pour faire environ 24 sablés.
6. Placez les sablés découpés sur la plaque et faites cuire au four de 12 à 15 minutes ou jusqu'à ce que les côtés et le dessous des sablés soient légèrement colorés.

* Si vous n'avez pas un tel outil, pesez ou mesurez tous les ingrédients et déposez-les dans un grand bol. À l'aide d'une corne en plastique ou d'une cuillère en bois rigide, mélangez jusqu'à l'obtention d'une pâte homogène. Si nécessaire, terminez de mélanger la pâte avec les mains en manipulant celle-ci dans le bol ou sur un plan de travail propre.

Voir la photo à la page suivante

Macarons aux fraises

Par Julie Désilets, La coach sucrée

Donne : 12 macarons

Préparation : 1 h · Réfrigération : 24 à 48 h

Cuisson : 19 min

Pour les coques de macarons

- 75 ml (¼ tasse + 1 c. à soupe) de blanc d'œuf tempéré
- 1 pincée de crème de tartre
- 75 g (¼ tasse + 2 c. à soupe) de sucre granulé
- Quelques gouttes de colorant alimentaire rose à base d'eau
- 90 g (¾ tasse) de poudre d'amande
- 90 g (⅓ tasse + 2 c. à soupe) de sucre glace

Préparation des coques de macarons

1. Dans un bol, déposez le blanc d'œuf tempéré (sans trace de jaune) et ajoutez la crème de tartre.
2. À l'aide d'un batteur électrique, mélangez jusqu'à l'obtention d'une légère mousse. Ajoutez le sucre granulé en trois fois, en mélangeant entre chaque ajout, jusqu'à l'obtention de pics mous (comme un bec d'oiseau).
3. Ajoutez le colorant alimentaire et mélangez jusqu'à homogénéité. Réservez.
4. Dans un autre bol, mélangez la poudre d'amande et le sucre glace. Passez le mélange à travers un tamis pour éviter la formation de grumeaux.
5. Transvidez le mélange sec dans celui de la meringue rose en deux fois, en pliant délicatement avec une spatule, jusqu'à ce que le mélange forme un ruban lorsqu'il retombe.
6. Transférez la pâte dans une poche à douille avec un embout rond, puis formez des cercles (de la taille d'une pièce de 2 $) sur une plaque de cuisson recouverte de papier parchemin. Tapotez doucement le dessous de la plaque pour éliminer les bulles d'air.
7. Laissez sécher (croûter) au moins 30 minutes. Les coques de macarons sont prêtes à être enfournées lorsque leur surface est figée et sèche.

Voir la photo à la page précédente

8. Faites cuire au four à 150 °C (300 °F) 14 minutes, en utilisant idéalement l'option convection.

9. Laissez refroidir les coques avant de les retirer de la plaque et réfrigérez-les.

Pour la garniture aux fraises

- 75 g (1/4 tasse + 2 c. à soupe) de sucre granulé
- 4 g (1/2 c. à thé) de gélatine en poudre
- 175 g (3/4 tasse) de fraises fraîches ou congelées
- 2,5 ml (1/2 c. à thé) de jus de citron

Préparation de la garniture aux fraises

1. Dans un bol, mélangez le sucre et la gélatine. Réservez.

2. Dans une casserole, déposez les fraises. À feu doux, portez à ébullition en remuant régulièrement.

3. Lorsque les fraises atteignent l'ébullition, ajoutez le mélange de sucre et de gélatine. Remuez et faites bouillir à nouveau. Baissez le feu et laissez mijoter de 5 à 7 minutes.

4. Retirez la casserole du feu et ajoutez le jus de citron. Mélangez.

5. Laissez refroidir 5 minutes. Transférez la préparation dans un bol et recouvrez d'une pellicule plastique. Réfrigérez jusqu'à ce que le mélange soit bien froid.

Assemblage des macarons

1. Garnissez la moitié des coques de mélange aux fraises. Refermez les macarons avec l'autre moitié.

2. Placez les macarons dans un récipient hermétique et réfrigérez de 24 à 48 heures.

3. Sortez les macarons et laissez-les tempérer environ 10 minutes avant de les servir. Ces macarons se congèlent également très bien.

Délicieuses madeleines

Par *Fanny Wilu Wilu*, *La Pâtissière intuitive*

Donne : 24 madeleines

Préparation : 30 min · Réfrigération : 3 h

Cuisson : 8 à 10 min

- 3 œufs
- 85 ml (1/3 tasse) de lait au choix
- 165 g (3/4 tasse + 1 c. à soupe) de sucre
- Le zeste de 1 citron
- 15 ml (1 c. à soupe) d'essence de vanille
- 200 g (1 1/3 tasse) de farine tout usage*
- 50 g (7 c. à soupe) de poudre d'amande
- 8 g (1 c. à soupe) de poudre à pâte
- 125 g (1/2 tasse + 1 c. à thé) de beurre, fondu

1. Dans un bol, à l'aide d'un batteur électrique, ou au robot culinaire, mélangez les œufs, le lait, le sucre, le zeste de citron et la vanille de 3 à 4 minutes.
2. Ajoutez la farine, la poudre d'amande et la poudre à pâte. Mélangez jusqu'à l'obtention d'une pâte homogène.
3. Incorporez le beurre fondu et mélangez à nouveau jusqu'à ce que le beurre soit complètement intégré à la préparation.
4. Laissez reposer la pâte au réfrigérateur au moins 3 heures, de préférence toute une nuit.
5. Préchauffez le four à 225 °C (435 °F).
6. Beurrez les moules à madeleines. Transvidez la préparation dans les moules en les remplissant aux trois quarts. Faites cuire au four 3 minutes.
7. Réduisez la température du four à 185 °C (365 °F) et faites cuire 5 minutes. Démoulez les madeleines aussitôt sorties du four. Servez-les tièdes. Les madeleines se conservent dans un contenant hermétique à la température ambiante jusqu'à 5 jours ou peuvent être congelées.

* Pour une version sans gluten, remplacez simplement la farine tout usage par 200 g (1 tasse) de farine de riz et ajoutez à la préparation 20 g (1 c. à soupe comble) de miel et 40 g (4 c. à soupe combles) de fécule de maïs.

Tasse de crème au chocolat et au thé Earl Grey

Par Juliette Brun, Chocolatière et fondatrice de Juliette & Chocolat

Donne : 4 crèmes

Préparation : 1 h 45 min · Réfrigération : 1 h 30 min

Cuisson : 30 min

- 180 ml (3/4 tasse) de crème 35 %
- 60 ml (1/4 tasse) de lait 2 %
- 5 ml (1 c. à thé) de thé Earl Grey en feuilles (ou d'un autre thé noir)
- 1 gros zeste de citron (utilisez un économe)
- 1 gros zeste d'orange (utilisez un économe)
- 120 g (2/3 tasse) de chocolat noir 55 %
- 2 jaunes d'œufs
- 60 ml (1/4 tasse) de miel
- 1 pincée de sel

Garnitures, au goût

- Crème fouettée
- Copeaux de chocolat

1. Dans une casserole, versez la crème et le lait. Portez à ébullition.
2. Éteignez le feu et ajoutez les feuilles de thé, les zestes de citron et d'orange. Retirez du feu, couvrez et laissez infuser 30 minutes.
3. Préchauffez le four à 160 °C (325 °F).
4. Passez la crème infusée au tamis pour retirer les feuilles de thé et les zestes. Versez à nouveau la crème dans la casserole et chauffez à feu moyen jusqu'à ce qu'elle frémisse.
5. Éteignez le feu. Ajoutez le chocolat et fouettez 2 minutes, jusqu'à ce que le mélange soit homogène.
6. Dans un bol, fouettez les jaunes d'œufs, le miel et le sel pour blanchir les œufs. Versez doucement la crème chaude au chocolat sur les œufs et fouettez sans arrêt jusqu'à ce que la crème soit lisse et brillante.
7. Dans un grand plat allant au four, déposez 4 tasses en porcelaine et transvidez-y la préparation.
8. À l'aide d'un pichet, remplissez le plat d'eau chaude (l'eau doit atteindre la mi-hauteur des tasses) afin de cuire les crèmes au bain-marie.
9. Faites cuire au four de 25 à 30 minutes ou jusqu'à ce que les crèmes soient figées en bordure, mais encore tremblantes au centre. Laissez tempérer 30 minutes. Réfrigérez les crèmes 1 heure 30 minutes ou jusqu'à ce qu'elles soient froides et figées.
10. Sortez les tasses 10 minutes avant de servir. Décorez de crème fouettée et de copeaux de chocolat.

Quiz : connaissez-vous bien votre heure du thé ?

Avant de vous lancer, de faire bouillir l'eau de votre Afternoon Tea et d'inviter vos proches, voici un petit quiz pour vous amuser et réviser quelques notions partagées dans ce livre. Vous pouvez même faire ce jeu en groupe, avec vos convives, entre deux gorgées de thé et trois mignardises !

VRAI OU FAUX ?

1. Il est élégant de lever le petit doigt lorsqu'on boit le thé.
2. La reine Victoria est à l'origine de l'Afternoon Tea.
3. Le thé est originaire de l'Inde.
4. Le couteau va à gauche de l'assiette avec le côté tranchant dirigé vers l'intérieur.
5. L'ingrédient secret de la porcelaine, le kaolin, était appelé l'or blanc.
6. Le High Tea est plus prestigieux que l'Afternoon Tea.
7. Ajouter du lait avant le citron dans le thé est inapproprié.
8. Il est acceptable pour les femmes de garder leur chapeau lors de l'Afternoon Tea.
9. La dégustation des mignardises commence par le niveau supérieur du plateau à trois étages.
10. Remuer son thé avec la cuillère dans un mouvement circulaire accélère la dissolution des cubes de sucre.
11. Plier sa serviette et la placer sur le dossier de sa chaise indique à l'hôtesse ou au personnel que vous n'avez pas encore terminé votre dégustation ou votre repas lorsque vous quittez votre siège.
12. La robe de thé (*tea gown*) a contribué à l'émancipation de la femme.
13. Le scone est similaire à un croissant.

RÉPONSES

1. FAUX. L'action de lever le petit doigt en buvant son thé était associée aux classes sociales inférieures, car l'aristocratie avait le luxe d'utiliser des tasses avec des anses.
2. FAUX. Anna Maria Russell, 7e duchesse de Bedford, amie d'enfance et femme de chambre de la reine Victoria, est à l'origine de cette magnifique tradition.
3. FAUX. Le thé est originaire de la Chine. Ce sont les Anglais qui ont transporté des plants de thé en Inde.
4. FAUX. Le couteau doit être placé à droite de l'assiette avec le côté tranchant vers l'intérieur.
5. VRAI. Le kaolin était appelé « or blanc » en raison de sa couleur blanche et de sa grande importance dans la production de porcelaine fine.
6. FAUX. Le High Tea désigne simplement la hauteur de la table où le thé est servi. À l'époque, il s'agissait de la table de la cuisine où les ouvriers prenaient le thé et le souper lorsqu'ils revenaient du travail.
7. VRAI. Il faut éviter de combiner le lait et le citron, car celui-ci fait cailler le lait.
8. VRAI. Cependant, il est inapproprié de conserver ses gants.
9. FAUX. La séquence de dégustation commence par le niveau inférieur, où les mets salés sont disposés. On passe ensuite à l'étage du milieu avec les scones, puis on termine au niveau supérieur avec les mignardises sucrées.
10. FAUX. C'est plutôt le mouvement de bas en haut (de 6 h à 12 h), sans toucher les parois de la tasse, qui favorise la dissolution des cubes de sucre.
11. VRAI. Lorsqu'on a terminé son repas, la serviette de table est plutôt disposée à la gauche ou au centre de l'assiette (si l'espace est restreint), légèrement froissée pour indiquer qu'elle a été utilisée.
12. VRAI. Les robes de thé s'attachaient à l'avant (et non dans le dos), ce qui facilitait l'habillage des femmes sans l'aide d'une femme de chambre. Elles pouvaient aussi se porter avec ou sans corset.
13. FAUX. Le scone est un hybride entre le pain et le gâteau.

Levons nos porcelaines !

Voilà qui marque la fin de cette aventure livresque ensemble ! J'espère sincèrement que mon amour de la porcelaine et de l'heure du thé aura été contagieux au point où vous vous êtes déjà offert une séance de *Me Time Tea Time*. Peut-être même avez-vous déjà déniché de belles tasses ou invité vos convives à partager un délicieux Darjeeling. Peut-être encore avez-vous accepté avec confiance une invitation au Buckingham Palace, désormais bien au fait que vous êtes de l'étiquette royale…

Ce qui est certain, c'est que je serai toujours enchantée de recevoir des photos de vos moments de joie et de voir comment vous avez intégré dans votre vie la THÉrapie par la porcelaine qu'inspire cette fabuleuse tradition britannique de l'heure du thé. Et, bien entendu, je serais comblée de vous rencontrer dans mon salon de thé.

Au plaisir de vous retrouver autour d'une tasse de thé !

Et rappelez-vous de porcelainiser votre vie !!

Cheers, ladies !

Lady Porcelaine

Remerciements

Lady Porcelaine existe grâce à mes chers parents, qui m'ont transmis ce désir de créer et de partager l'émerveillement avec les autres. J'aurais tant aimé qu'ils puissent vivre l'expérience Lady Porcelaine. Je leur serai éternellement reconnaissante pour leur amour et pour m'avoir acceptée avec l'esprit libre, comme je l'ai toujours été.

Merci à mon fils Adami d'amour, qui me soutient depuis le début de ma transformation porcelainisée et qui m'a permis de métamorphoser notre chez-nous en une maison de poupée, et ce, en pleine crise d'adolescence.

Merci à mon merveilleux chéri et partenaire d'affaires, Patryck Dufour, sans qui Lady Porcelaine n'aurait jamais vu le jour. Grâce à son amour, à sa patience et à notre complémentarité, nous pouvons bâtir un empire à partir de cette belle aventure. Je suis choyée de l'avoir à mes côtés.

Merci à mes propriétaires, Mathieu, Catherine, Pierre-Luc et Caroline, qui m'ont offert l'occasion d'ouvrir mon premier salon de thé à domicile.

Merci à toutes mes collaboratrices qui ont enrichi la création de ce livre, dont Élise Perreault, sommelière de thé Lady T, pour sa généreuse contribution au chapitre sur le thé, et Élise Desrochers, experte en porcelaine. Merci également à Lise Lavoie pour ses merveilleuses recettes d'infusions glacées et aux talentueuses cheffes Juliette Brun, les filles de Pâtisserie Mlles Gâteaux, Anne-Marie Grondin, Julie Désilets et Fanny wilu wilu.

À tout âge,
la porcelaine révèle
en chacune dignité,
noblesse et importance.

Merci à mes amies Maday Garcia, Farah Cader et Mireille de Harlez, qui ont posé pour le livre en y ajoutant leur élégance.

Enfin, je tiens à me remercier d'avoir su écouter cet appel, cet élan porcelainisé qui a complètement changé le cours de ma vie. Je suis l'exemple parfait qui montre que l'on ignore ce que l'existence nous réserve... même lorsqu'elle nous offre des cadeaux parfois mal emballés !

J'espère contribuer au bien-être et au bonheur de mes convives, qui ont la gentillesse de me permettre de m'amuser et de jouer aux grandes dames à leurs côtés, et je les en remercie !

Chaleureusement vôtre,

Lady Jenn Porcelaine

Bibliographie

OUVRAGES

JOHNSON, Dorothea, et Bruce RICHARDSON. *Tea & Etiquette : Taking Tea for Business and Pleasure*, Benjamin Press, 2009.

MALYON, Jane. *Scone or Scone : The Essential Guide to British Afternoon Tea*, Londres, Rethink Press, 2018.

WEB

Boston Tea Party Ships & Museum
History of Chinese Porcelain in America and Europe. https://www.bostonteapartyship.com/tea-blog/history-of-chinese-porcelain-america-europe

Château de Versailles
La cour de Versailles. https://www.chateauversailles.fr/decouvrir/les-ressources/versailles-cour#puissance-et-gloire

Les trésors de Versailles
L'étiquette. https://lestresorsdeversailles.wordpress.com/2019/11/10/letiquette/

Destination Tea
Tea Story. https://destinationtea.com/teastory/

Etiquette Scholar
Tea Etiquette. https://www.etiquettescholar.com/dining_etiquette/tea_etiquette.html

Hackberry Tea
WALKER, Karla. *The History of the Teahouse part 2 | European Teahouses*. https://www.hackberrytea.com/blogs/tea-education/the-history-of-the-teahouse-part-2-european-teahouses

Madame Figaro
MIGNON, Anne-Laure. *Le guide des bonnes manières pour ne pas commettre d'impairs à table*, 2017. https://madame.lefigaro.fr/cuisine/savez-vous-reellement-comment-vous-comporter-a-table-171017-134828

The Maryland Center for History and Culture
McCORT, Emily. *If Clothes Could Talk : The Social History of the Tea Gown*, 2019. https://www.mdhistory.org/if-clothes-could-talk-the-social-history-of-the-tea-gown/

Women Who Meant Business
B, Lizzie, *Kate Cranston (1849-1934)*, 2021. https://womenwhomeantbusiness.com/2021/04/29/kate-cranston-1849-1934/

WU, Huiyi. « Les traductions de François-Xavier Dentrecolles (1664-1741), missionnaire en Chine : localisation et circulation des savoirs », *Extrême-Orient : Mobilité humaine et circulation des savoirs techniques (XVIIe-XIXe siècles)*, n° 36, 2013. https://doi.org/10.4000/extremeorient.296

Table des matières

Introduction 7

Chapitre 1 ❖ De punk à lady ! 9
La THÉrapie par la porcelaine 10

Chapitre 2 ❖ Les origines de l'heure du thé 12
De la fringale d'Anna Maria à une coutume bien ancrée 13
Savourer le moment présent 14

Chapitre 3 ❖ Les quatre sortes d'heure du thé 15
Cream Tea (ou 11 O'Clock Tea ou Elevenses) 15
Afternoon Tea (ou Low Tea) 16
High Tea (ou Meat Tea) 16
Royal Tea 17

Chapitre 4 ❖ Les salons de thé et l'émancipation de la femme 18
Les premiers salons de thé 18
Un lieu de rencontre pour les suffragettes 20
Les femmes sur le marché du travail 21
Une robe pour mieux… respirer 22

Chapitre 5 ❖ L'histoire de la porcelaine : une intrigue policière 24
L'ingrédient secret de la porcelaine chinoise 24
Kidnapping, vol et mort douteuse au nom de la porcelaine fine 25
Un récit d'espionnage à la James Bond (ou presque !) 27

Chapitre 6 ❖ La porcelaine sous toutes ses formes 30
Une histoire de poudre d'os 30
Quelques marques de porcelaine réputées 31
Qualité et entretien de la porcelaine 37

Chapitre 7 ❖ L'histoire du thé est loin d'être enchan-thée 40
Des origines millénaires 40

La mode du thé bien avant David's Tea ! ... 41
La guerre, toujours la guerre (même pour du thé) ... 42

Chapitre 8 ❖ Le thé dans toutes ses couleurs et ses saveurs ... 44
Quatre grandes familles dans la tasse ... 45
Les favoris à l'heure du thé ... 49

Chapitre 9 ❖ La préparation du thé ... 51
Étapes, accessoires et astuces pour une préparation parfaite ... 52
Sucre, miel, lait et citron ... 56
Conservation du thé ... 57

Chapitre 10 ❖ L'étiquette... et sa mauvaise réputation ... 58
D'où vient le terme « étiquette » ? ... 58
Une affaire de toilette publique ! ... 59
Des règles royales au quart de tour ... 61

Chapitre 11 ❖ L'étiquette aux mains des Anglais ... 64
Quelques règles monarchiques ... 65
À la table royale ... 71

Chapitre 12 ❖ L'étiquette autour de l'heure du thé ... 76

Chapitre 13 ❖ L'art de servir le thé ... 78
Qui verse le thé ? ... 78
Comment verser le thé ? ... 79
Comment disposer et servir le lait, le sucre et le citron ? ... 82

Chapitre 14 ❖ L'art de boire le thé ... 84
Avec ou sans petit doigt ? ... 85
Quoi faire avec la soucoupe ? ... 87
Comment mélanger le sucre ? ... 87
L'utilisation de la cuillère ... 88
L'ajout du lait ... 89

Chapitre 15 ❖ L'art de déguster les mignardises ... 91
Les plateaux de service à trois niveaux ... 92
La séquence de dégustation ... 93
L'étiquette autour de l'assiette ... 94
Et les gants ? ... 95
Les sandwichs ... 96
Les scones ... 98
Les desserts ... 101

Chapitre 16 ❖ La bienséance à table 102
La serviette de table 102
Les ustensiles 104

Chapitre 17 ❖ Organiser l'heure du thé chez soi 110
L'heure du thé en solo 111
L'heure du thé pour quatre personnes 111
L'heure du thé avec des enfants 117
L'heure du thé en plein été 119

Chapitre 18 ❖ L'art de dresser la table 126
La disposition de la table 127
Avant que sonne l'heure du thé 131

Chapitre 19 ❖ L'art de recevoir et de converser 132

Chapitre 20 ❖ Des idées d'activi-thés 136
Une lettre à soi ou à la convive célébrée 136
La tasséomancie 138
Des activités pour les enfants 140

Les recettes de mignardises 143
Sandwichs au concombre pas de croûtes 145
Sandwichs à la confiture royale (*pennies*) 147
Œufs mimosa à la betterave 149
Salade de poulet *coronation* (au cari et à la mangue) 151
Scones nature 152
Clotted cream 156
Sablés véganes au citron 157
Macarons aux fraises 160
Délicieuses madeleines 163
Tasse de crème au chocolat et au thé Earl Grey 165

Quiz : connaissez-vous bien votre heure du thé ? 166

Levons nos porcelaines ! 169

Remerciements 170

Bibliographie 172

Suivez-nous sur le Web
et les réseaux sociaux !

EDITIONS-HOMME.COM
EDITIONS-JOUR.COM
EDITIONS-PETITHOMME.COM
EDITIONS-LAGRIFFE.COM
RECTOVERSO-EDITEUR.COM
QUEBEC-LIVRES.COM
EDITIONS-LASEMAINE.COM

Cet ouvrage a été achevé d'imprimer sur les presses
d'Imprimerie Transcontinental, Beauceville, Canada